辽宁省教育厅 2021 年度科学研究经费项目：艺术类高校协同地方文博馆共促红色文化发展路径研究　课题编号：LJKR0741

新时期地方文博馆的建设与发展路径研究

赵雅馨　著

中国原子能出版社

图书在版编目（CIP）数据

新时期地方文博馆的建设与发展路径研究 / 赵雅馨
著 . -- 北京 : 中国原子能出版社，2021.11
ISBN 978-7-5221-1816-1

Ⅰ . ①新… Ⅱ . ①赵… Ⅲ . ①博物馆事业—发展—研
究—中国 Ⅳ . ① G269.27

中国版本图书馆 CIP 数据核字 (2021) 第 253729 号

新时期地方文博馆的建设与发展路径研究

出版发行	中国原子能出版社（北京市海淀区阜成路 43 号 100048）
责任编辑	杨晓宇
责任印刷	赵 明
装帧设计	王 斌
印　　刷	天津和萱印刷有限公司
经　　销	全国新华书店
开　　本	787mm×1092mm　　　1/16
印　　张	11.5
字　　数	205 千字
版　　次	2023 年 1 月第 1 版
印　　次	2023 年 1 月第 1 次印刷
标准书号	ISBN 978-7-5221-1816-1　　　定 价 68.00 元

网　址: http://www.aep.com.cn　　　**E-mail:** atomep123@126.com
发行电话: 010-68452845　　　版权所有　翻印必究

前　言

地方文博馆在新的历史时代，应该有信心、有能力承担起自身的责任和义务，为中华民族的伟大复兴贡献力量。同时，我们需要认识到地方文博馆具有文化功能、教育功能，尤其是在传承与弘扬红色文化方面的重要作用。因此艺术类高校和地方文博馆进行充分的合作是十分必要的。艺术类高校在注重培养学生产出成果的同时，应深度关切学生对于红色文化的学习，使艺术能够再现我党的奋斗历程，讲好红色故事、彰显伟大精神，并能将成果与地方博物馆、美术馆等进行联合展示，扩大影响，使其对学生具有强烈的吸引力和感染力，这对培育和践行社会主义核心价值观具有重要作用。为此，本书围绕"新时期地方文博馆的建设与发展路径研究——艺术类院校协同地方文博馆共促红色文化发展"这一主题进行了分析。

本书共分为五章。第一章是新时期文博馆建设的理论研究，主要从三个方面进行了论述，即"文博馆建设概述""文博馆的科学管理""文博馆的文化责任"这三方面。第二章对于新时期地方文博馆建设与创新进行了分析，主要从"新时期地方文博馆的功能""新时期地方文博馆的建设要素""新时期地方文博馆的建设创新"这几方面展开了分析。第三章探索了互联网时代地方文博馆建设与发展，这是时代的要求，也是文博馆得以更好发展的要求，毕竟如今互联网无处不在。第三章从互联网对地方文博发展的影响、"互联网+"背景下地方文博建设创新实践这两方面出发，进行了分析。本书第四章的内容是"关于红色文化教育与传承研究"，主要从"红色文化的内涵与特征""红色文化的育人价值""红色文化教育的实践要求"这几方面出发。第五章是关于艺术类院校协同地方文博馆共促红色文化教育的研究，主要从四方面进行了分析，一是新时期艺术类院校红色文化教育发展的现状，二是新时期艺术类院校的学生特点分析，三是红色文化在地方文博馆建设中的融合，四是艺术类院校协同地方文博馆加强红色文化教育的实践。

在撰写本书的过程中，作者得到了许多专家学者的帮助和指导，参考了大量的学术文献，在此表示真诚的感谢。本书内容系统全面，论述条理清晰、深入浅出，但由于作者水平有限，书中难免会有疏漏之处，希望广大同行及时指正。

作者

2021 年 6 月

目 录

第一章 新时期文博馆建设的理论研究

本章为新时期文博馆建设的理论研究，主要从三个方面进行了论述，即"文博馆建设概述""文博馆的科学管理""文博馆的文化责任"。

第一节 文博馆建设概述

一、博物馆发展概述

（一）博物馆的发展概述

文博馆是指较宽泛的概念，通常意义上是指博物馆，包括建筑博物馆、艺术博物馆、历史博物馆等等。

英文"博物馆"（museum）一词来源于希腊文，最初的含义为"缪斯（希腊神话中代表知识与艺术的女神）栖居之地"。从博物馆起源来看，博物馆最初源于人们对知识的崇拜，因此现代化之前的博物馆，被奉为高高在上的知识圣殿。19 世纪后期开始，博物馆将关注重点逐渐从"物"的收藏转向"人"的需求。20世纪 70 年代以后，随着新博物馆学的兴起，博物馆以一种创新的方式——将人与社会和环境作为整体来考量，通过生态博物馆或社区博物馆的方式来参与社会发展。本书通过梳理博物馆自诞生以来理念和功能的转变，试图勾勒出一条博物馆进化的轨迹，即记忆—创造力—社会变革，这也正是博物馆随着社会发展而不断进化的使命。

博物馆从它诞生之初便与人类的记忆、沉思、艺术、科学有着不解之缘，而这些领域正是古希腊神话中九位缪斯女神所司掌和守护之地。在罗马梵蒂冈博物馆以拉斐尔命名的展厅中，两幅震撼人心的壁画相邻而立，分别是《帕那索斯山》和《雅典学院》。帕那索斯山在古希腊神话中是阿波罗和缪斯女神的居所，是诗歌的圣地。在帕那索斯山上，光明之神阿波罗为众多神祇和诗人演奏着乐曲，围绕他的是代表艺术与科学的缪斯女神以及如恒星般映照历史的诗人们：荷马、萨福、维吉尔、斯塔提乌斯、但丁、薄伽丘、奥斯托……在这幅壁画中，缪斯作为上天的使者，带着神的旨意将艺术的灵感传递给人间。而在另外一幅人文主义杰作《雅典学院》中，古希腊、古罗马、文艺复兴时期的先哲智者们跨越时空汇聚一堂，他们在热烈地讨论，专注地思考，认真地倾听，创作者以无比谦卑和崇敬的心情讴歌和赞美人文主义的黄金时代，彰显了人类对于智慧和真理的追求，散发出耀眼的人性光芒。这两幅壁画的内容和位置反映了西方文化对于缪斯所代表的艺术与科学的推崇，一面是创意与灵感，另一面是真理与现实，科学、理性与艺术、想象交相辉映，构成了人类社会历史前行的动力。

博物馆的起源本身就是一个有趣的研究主题，正如吕西安·费弗尔（Lucien Febvre）所说："对一个词的历史的研究从来不会是浪费时间。"最初的"博物馆（musaeum）"一词有两个含义。最为传统的定义是供奉缪斯的场所（locusmusissacer，"神圣缪斯之地"），九位掌管诗歌、音乐和美术的女神居住之地。谢瓦利埃·德·儒库克（Chevalierde Jaucourt）在《大百科全书》的条目中写道："她们被称为缪斯，源于希腊词'解释神秘'的缪斯，因为她们教导人们非常有趣和重要的事情，从而引起对庸俗的关注。"儒库克在条目中说："以缪斯——美和艺术之神的名义，无可争辩地成为博物馆的源头。"

缪斯是如何从天上降临人间，开启人类增进智识、认识世界和探索未来的大门的？这应该从亚历山大缪斯神庙说起。这座缪斯神庙在公元前3世纪创立，位于东西方文明交汇的中心——埃及亚历山大城。作为博物馆的古典起源，它拥有的使命与今天的博物馆十分不同，它是哲学、科学和艺术的家园，也是一个研究和教育的场所，更是一座思想宝库。它可能没有收藏，和我们今天所熟悉的博物馆相比，它更像是一所大学或科研机构，将古希腊最优秀的学者聚集起来，用他们的智慧和成果增进人类福祉。

现代博物馆是欧洲启蒙运动和民主制度的产物，尽管自文艺复兴时期开始，收藏在西方社会已经逐渐形成一股热潮（近代第一座博物馆于17世纪后期出现），但法国大革命的隆隆炮声才真正打开了博物馆公共化的大门，随着资产阶级自由、平等、天赋人权这些民主思想的确立，卢浮宫由旧时代的王权象征变成新时代的国家纪念碑。1793年，刚刚成为"公民卡佩"不到四个月的路易十六被送上断头台，伴随着巴黎协和广场上的阵阵欢呼，一场新对旧、现在对过去的破坏与重建行动正在展开，共和国政府在下令摧毁圣德尼修道院中法国历代国王陵墓的同一天（1793年8月10日），宣布开放卢浮宫博物馆。法国内政部长罗兰在写给画家大卫的信中，曾经描述了他对于卢浮宫博物馆的构想。罗兰认为，卢浮宫应该对所有人开放，成为一座国家的纪念碑。任何人都有权利去欣赏它。它应该陶冶心灵、提升灵魂、激发志气，成为宣传法兰西共和国之伟大的最有效的手段之一。

作为艺术与科学的守护神，博物馆最初存在的意义或许是以吸引人的方式系统地保留人类文明成果，不仅供人欣赏和赞美，更要通过实物达到教育的目的。正如美国大都会艺术博物馆第一任馆长鲁伊吉·帕尔·玛·迪·切斯诺拉1887年在乔治·威斯特艺术和考古博物馆落成典礼上发表的演说一样："九位缪斯女神现在都涌进了大学、神学院和图书馆中……但是在今天，人们已经认识到更好的教育效果来自实物而不是文字，研究某个物件本身要比阅读或牢记这个物件的描述文字更能掌握其中的知识，因此博物馆在某种程度上具有无可替代的作用……"

但我们不能忽略的是——需求，作为人类活动的普遍动机，它是博物馆发展的主要动力。博物馆不仅仅是一个以实物方式打开的图书馆和教室，甚至也不只是一个沉默而坚定的老师，它更为重要的意义在于提供一个满足人类自我实现，激励人类不断创新的场景。乔治·布朗·古德——美国史密森学会第一任助理秘书长，在他1891年那篇影响深远的论文《博物馆的未来》中写道："过去的博物馆必须被推翻、重构，从埋葬物品的墓地变为孕育活跃思想的温床。"这句话1918年在民国《东方杂志》第15卷第2号刊发的《博物馆之历史》一文中，被引述为："博物馆者，非古董品之墓地，乃活思想之育种场。"古德最早提出博物馆可以激发人们内心的创造力，他谈道："博物馆的独特之处在于：人们可以自由地选择各自的参观路径，并且在物品之间自主地建立联系，博物馆培养了人们的观察能力，没有特定目的的参观者甚至可以进行自主的发现，并在说明牌的引导下形成自己的想法。"

近代博物馆自诞生以来，很长一段时期内都把典藏价值作为博物馆的重要衡量尺度，拥有举世闻名的馆藏成为博物馆地位的绝佳证明，这恰恰与它的名字——缪斯神庙不谋而合。博物馆成为普通民众心目中代表知识与记忆的伟大圣殿，从大英博物馆最初每天只允许30名观众进入，到19世纪上流社会在卢浮宫举办周末沙龙，无不透露出博物馆高高在上的精英主义面孔。

"第二次世界大战"之后，在殖民地纷纷崛起和后现代主义思潮的影响下，人们开始反思博物馆神庙属性的客观性和绝对性。20世纪六七十年代，西方国家博物馆开始遭遇观众低潮，越来越多的博物馆人在思考，博物馆该如何走下神坛，融入到普罗大众之中？随着知识民主化进程的加速，普通人不再甘愿做知识的囚徒，而希望做知识的创造者与主宰。博物馆开始关注普通人的生活，工作重心从"以物（藏品）为中心"逐渐向"以人（观众）为中心"转变，在博物馆中，多元价值观念和多元表达方式开始代替单一的、不容质疑的权威主义。1971 年，美国布鲁克林博物馆馆长邓肯·卡梅隆提出"The Museum：a temple or the forum"（博物馆：神庙还是论坛？），引发了对博物馆价值观的追问，世界上越来越多的人开始以一种截然不同的方式利用博物馆。在博物馆中，人们可以对那些希望他们接受的信息提出质疑，可以挑战正式的观点。博物馆应该鼓励讨论和创新，而不只是让人朝圣和膜拜，这渐渐成为共识。1969 年，旧金山探索宫建立，它因秉持通过观众亲身体验而激发其兴趣和灵感的理念而受到全世界的欢迎，也引发了人们对于博物馆是否是一个严肃的教育机构的讨论。

20 世纪 70 年代，新博物馆学运动兴起，这是一场针对传统博物馆的检视和批判，引发了博物馆哲学观念上的剧变。新博物馆学运动也叫生态博物馆运动，它是由于人类在现代化进程中犯下了不可挽回的致命错误而引发的。随着工业化进程不断加快，人类赖以生存的自然环境面临严重危机，另外，在全球经济与科技一体化、政治多极化过程中出现了道德和社会危机，于是博物馆从业者进一步反思博物馆在人类社会发展中到底应起何种作用，更进一步追寻博物馆的根本目的又在何方。他们开始把博物馆的作用与全人类进步联系起来。正确的反思必然孕育出改革的火花，新博物馆学提出博物馆应该成为社会变革的工具，博物馆应与居民一起保存关于社区的记忆，构筑社区的现在，并参与创造社区的未来。美国博物馆学家哈里森（J.D.Harrison）在 1993 年发表的《90 年代的博物馆观念》一文中对新博物馆学理念进行了这样的概括："博物馆不再局限于一个固定的建筑空间内，它变成是一种'思维方式'，一种以全方位、整体性与开放式的观点洞察世界的思维方式。"新博物馆学倡导以生态博物馆的方式来构筑人与环境的关系，重建生态伦理；以社区博物馆的方式尊重和保持文化多样性，促进不同族群间的对话与和解。新博物馆学把社区和居民看作是一个整体，他们通过博物馆这种方式推动社会变革与发展。

回顾博物馆的历史，我们不难发现，博物馆最初被奉为知识的殿堂，现代化之前的博物馆，是沉思和记忆的场所，这里陈列着人类世界的奇珍异宝与自然世界的千奇百怪，人们参观博物馆是为了欣赏美、赞叹大自然（宇宙）的奇妙。19世纪后期开始，博物馆通过研究增长知识，通过教育普及知识，成为知识创造、积聚和传播的机构，观众来博物馆深入思考和学习，在博物馆提供的场景中进行探索和创新，这时候博物馆开始将关注重点从"物"的收藏转向"人"的需求。

20世纪70年代以后，博物馆以一种更为积极的方式贡献社会，新博物馆学理论思想的确立，为博物馆参与解决社会问题、推动社会发展提供了一种有价值的参考：博物馆将人与社会及自然环境紧密结合起来，为未来生活提供全新思考的动力。

博物馆理念和功能的转变，清晰地为我们勾勒出一条博物馆进化的轨迹，即记忆—创造力—社会变革。值得注意的是，这套进化论并不是线性发展的，后者不是前者的更迭和替代，而是博物馆功能的不断拓展和延伸：博物馆收藏和保存关于人类的记忆，通过教育为记忆扫去身上的尘土，让它唤醒人们内心的创造力，最终人类通过创造改变社会。博物馆在各个时期都如同一面镜子，映射出每个时代人与客观世界相处的最新形式。正如有人曾这样说过："博物馆的价值不在于拥有什么，而在于为社会做了什么。"

（二）博物馆的多样化分类

需要注意到的是，博物馆的分类在如今也是日益的多样化，比如从大型综合博物馆到聚焦于特定主题、地点或名人的小型展馆，类别包括：美术、应用艺术、工艺、考古学、人类学和民族学、传记、历史、文化、科学、技术、儿童、自然历史、植物和动物园等。在这些类别中，还可以进一步细化，如艺术博物类中还包括现代艺术博物馆、古典画廊、民俗艺术；历史类博物馆中包括军事历史、航空历史、集邮、农业或地质学等。另一种类型的博物馆是百科全书型博物馆。百科全书型博物馆通常被称为综合博物馆，其收藏品来自全世界，通常包括艺术、科学、历史和文化历史。博物馆的类型与规模反映在其收藏中，它所展示的核心展品通常为某一特定领域中最典型、最珍稀的藏品。

1. 艺术博物馆

艺术博物馆，包括艺术画廊等，是艺术展览的空间，通常以视觉艺术的艺术品为主，主要是绘画与雕塑。草图、素描与版画等较小幅的作品通常被保存在展柜或库房中。艺术博物馆的馆藏还可能包括各种其他类型的艺术品，如陶瓷、金属器件、家具、典籍等。现代装置及音视频艺术也有可能成为一些博物馆机构的收藏品或在现场展示与播放。

欧洲第一家公共博物馆是巴塞尔的阿莫巴赫阁，最初是1661年出售给私人的收藏品，现成为巴塞尔艺术博物馆。牛津的阿什莫林博物馆于1683年开放，成为世界上第一所大学艺术博物馆。佛罗伦萨的乌菲兹美术馆最初是为佛罗伦萨政府的办公地而设计，但后来却变成了一座博物馆。著名的美第奇家族没落之后，艺术珍品仍然留在佛罗伦萨，也成为最早的艺术博物馆之一，自16世纪以来，该博物馆一直向有限的人群开放并于 1765 年正式向公众开放。

专业的艺术博物馆被认为是一个相当现代的发明。1764 年由凯瑟琳女王建立的圣彼得堡的冬宫，1852 年向公众开放。法国大革命之后不久，建于 1793 年的巴黎卢浮宫这一皇家宝藏被人民所有。从那时开始，艺术收藏品开始从贵族与富人的私人领域转移到公共领域，成为提高公众品味和文化修养的教育场所。

与上述古典艺术博物馆平分秋色，甚至更为受到当代关注的是为数众多的现代画廊，其中最为著名的如纽约的现代艺术博物馆、伦敦的泰德现代艺术馆等。

2. 历史博物馆

历史博物馆主要讲述历史并具有解释当代与预测未来的功能。有些涉及特定专项领域的历史或聚焦于某些特定地域。历史博物馆包含各种各样的藏品，包括文件、各种文物、艺术品、考古物品等。

最常见的历史博物馆往往建在著名的历史建筑中，地方和国家政府也经常将这些具有文物价值的建筑辟为博物馆。世界上有许多历史题材的国家博物馆，如美国国家历史和文化博物馆。当然也有一些现代建筑的历史博物馆，如东京江户博物馆。历史遗址也可以作为博物馆，如华盛顿特区福特剧院博物馆。美国国家公园管理局将历史遗址定义为"重大事件、历史人物的职业和活动所在地及建筑物，无论现存、毁坏还是消失，无论现有结构的价值如何，地点本身都具有历史、文化与考古价值"。

除了讲述国家或地方历史的博物馆外，各地还有许多特殊的历史博物馆，如圣路易斯的布鲁斯音乐博物馆，纽约市国家购物中心的国家妇女历史博物馆，等等。

还有一种有趣的类型是活的历史博物馆。这种博物馆往往与旅游地点相关联，室内建筑与露天场地结合，其中还包括身穿历史服装的演员，全景复原历史的场景。例如，弗吉尼亚州占地 301 英亩的威廉斯堡就是一个这样的活的历史博物馆，它有趣地再现了 18 世纪美国独立战争前夕的殖民地。这座博物馆包括数百座建筑物，有些建筑是原物，但大部分为重建。

3. 建筑博物馆

建筑博物馆是专门向游客介绍建筑和各种相关领域的展馆，通常包括城市设计、景观设计、室内装饰、工程和历史保护等。此外，许多艺术博物馆或历史博物馆有时也将博物馆的部分场馆用于展示某一特定时期的建筑内容。国际建筑博物馆联合会（ICAM）是建筑博物馆的主要全球组织，其成员包括几乎所有专门从事这一领域的大型博物馆，以及提供常设展览或专门画廊的机构。

建筑博物馆主要致力于传播有关建筑的知识，但同时也可以扩展到其他相关领域，如城市规划、景观、基础设施，以至于传统的历史或艺术研究以及任何有关建筑的临展。但是建筑博物馆在世界范围内是一种不太常见的类型，部分原因是建筑本身的巨大体量难以成为可供陈列的收藏品，除了建筑模型与图片。

比如华盛顿特区的国家建筑博物馆是一个私人经营的机构，由国会授权于1980年创建，是美国最著名的公共建筑博物馆。除了建筑展品和收藏品外，博物馆还致力于向公众传播工程设计方面的知识。具有代表性的大型建筑博物馆是位于芝加哥的雅典娜建筑博物馆，是一个有关国际建筑和设计的主题博物馆，它成立于1988年。它在意大利、希腊、德国和爱尔兰还设有办事处和分馆。

4. 传记博物馆

传记博物馆为纪念某位或多位著名人物而建，并在此陈列与收藏与这些人物有关的物品与文献。许多传记博物馆都建在与被纪念者曾经关系密切的场所或进行过重大活动的场所甚至故居（例如位于纽约长岛沙卡莫山的老罗斯福总统故居纪念馆和位于罗马西班牙广场的英国浪漫派诗人济慈和雪莱纪念馆）。传记博物馆除了收藏名人的传记资料外，有时还包括该著名人物所从事的专业（事业）的介绍，及其曾经拥有的重要藏品。这样的例子如伦敦惠灵顿公爵纪念馆，在他昔日的宅邸里除了展出他的传记与文物外，还有他曾经收藏的世界著名画作。其他此类博物馆还有美国历届总统图书馆，这是美国政府为每一届卸任总统在其故乡修建的纪念馆（根据传统，这些纪念馆均被命名为图书馆），以纪念与表彰他们为国家所作的贡献。

5. 百科全书（综合）博物馆

百科全书（综合）博物馆通常是一个庞大的机构，主要指各国的国家博物馆，它们为参观者提供各种主题的信息，这些主题分别讲述本国、本民族、本地或全球的故事。百科全书（综合）博物馆为来自不同文化背景的参观者提供全方位的文化解读，展品丰富且具有权威性。大英博物馆（图1-1-1）馆长尼尔·麦格雷戈是百科全书博物馆的坚定倡导者，他指出，百科全书博物馆通过将博物馆参观者暴露于世界文化中，强调多元文化，对社会有利，从而产生共同的人类历史感。然而，也有一些学者和考古学家对百科全书博物馆持有异议。他们坚持文化的传承与排他性，反对将多元文化融为一体，这样会将文物从其原始文化背景中移除，失去了它们所产生的特定文化背景。

图 1-1-1　伦敦大英博物馆中庭的新天棚

6. 纪念馆（纪念地）

纪念馆是专门用于教育公众并纪念某一特定的历史事件的场所，通常涉及大规模的苦难。这一概念在整个 20 世纪得到了广泛的响应，以回应在那个世纪中所犯下的大规模暴行。纪念馆所纪念的事件往往涉及平民受害者，他们并不是英雄而只是受难者。建立这样的纪念馆的主要目的除了怀念，更重要的是警示后人，同样的悲剧绝不可重演。

此类纪念馆在世界上有很多，包括美国的"9·11"国家纪念博物馆、犹太大屠杀纪念馆、柬埔寨大屠杀博物馆、南非开普敦第六区博物馆等。虽然此类纪念馆是一个 20 世纪的产品，但也有些例外，如塞内加尔的黑奴贸易博物馆（联合国教科文组织世界遗产）则聚焦于其他时期。

纪念馆与传统历史博物馆有着明显不同的特点，最突出的是纪念馆具有双重教育功能，即道德批判与历史教育。而传统的历史博物馆只是作为一个中立机构，注重知识的传授与普及。纪念馆通常坐落于场景之中，被特定的氛围环绕。纪念馆的全部意义在于纪念，它们与现存的社会具有紧密的联系，如受害者的家庭成员、受迫害种族或某一特定的群体。凡此类纪念馆都有一个相同的特点：以一句话作为纪念馆的标志并以此警示后人。如下面的话就是代表了犹太大屠杀纪念馆的使命：向世人揭示悲剧，保护受难者的记忆，引发参观者对大屠杀事件的反思，思考自己作为公民的道德与道义之责。

7. 军事与战争博物馆

军事博物馆专门研究军事历史。它们通常是从国家的角度出发，围绕该国参加的冲突或曾经发生过的内部战争组织展览。展览通常包括武器装备、制服、战时宣传、战时平民生活等。军事博物馆可以专注于某一特定战争或地区，如主要讲述皇家空军战史的英国皇家空军博物馆、专门讲述装甲车与坦克的德意志装甲博物馆、描述间谍活动的国际间谍博物馆、第二次世界大战期间空降的 D 日伞兵历史中心（诺曼底），以及美国密苏里堪萨斯城的第一次世界大战博物馆等。

8. 航海博物馆

航海博物馆是专门介绍航海历史、文化或考古学的博物馆，它们探索社会与人之间的关系。正如各种各样的博物馆类型一样，海洋博物馆也有许多不同的类型。一类是海洋博物馆，以考古学为主，这些博物侧重对海洋环境的介绍或对海难的调查。另一类是航海历史博物馆，致力于加深公众对人类航海史的了解，如旧金山海运国家历史公园和神秘海港。以军事为重点的海洋博物馆是第三种，"爱荷华号"战列舰博物馆就是典型的此类博物馆之一。

9. 自然历史博物馆

自然历史博物馆和自然科学博物馆关注的焦点是自然和文化，展示有关自然世界的展品。向公众尤其是青少年观众普及推广有关自然史、恐龙、动物学、海洋学、人类学的知识。生物的多样性与进化、环境问题等是自然科学博物馆主要探索领域。著名的自然历史博物馆包括伦敦自然历史博物馆、牛津大学自然历史博物馆。

10. 科技博物馆

科学与技术博物馆围绕着科学成就、科学及其科技史的相关内容而展开。科技博物馆的使命是解释复杂发明，通过展陈、演示、交互程序与媒体等手段向公众传输知识。这些科技馆的收藏通常也会有所侧重，如计算机科学、航空、铁路、物理学、天文学或动植物等不同的主题。

科技博物馆也同样强调文化与遗产，这些早期的科学收藏代表了人类对收藏的一种迷恋，这种迷恋产生于 15 世纪，源于文艺复兴时期人类与科技发明的大爆炸，从而需要对这些珍贵的遗产进行有效的整理与传播，探索出一条更加系统有效的交流形式。科技博物馆是当时最权威与无可争辩的知识机构，是一个收集、观看和体验的所在，是"任何人"都能来调查科学证据的地方。20 世纪，科技博物馆的公共教育功能变得更加完善，它们在向公众揭示模糊的科技世界时，更加生动清晰。

多数科技博物馆，会特别强调互动性，也通常会设立一个穹顶演示厅，它可以像天文台提供 3D 或高清画质的视频演示，为人们提供了更为身临其境的体验。

11. 露天博物馆

露天博物馆属于一种大型户外场所，大多由原始或重建的旧建筑物与相应的展览构成。它们通常与专门打造的景观环境融为一体。最早的露天博物馆典型是挪威奥斯卡二世在挪威奥斯陆附近的一处特别收藏，它于 1881 年对外开放，后被并入诺斯克民俗博物馆。1891 年，受参观这处露天博物馆的启发，瑞典博物馆学家阿瑟·哈泽利乌斯在斯德哥尔摩创立了斯堪森博物馆，他从全国各地搜集了 150 所旧房子，在各地拆解后又一砖一瓦地运到斯堪森重新搭建，该博物馆后来成为最著名的露天博物馆，成为展示工业时代前北欧地区生活的窗口。20 世纪 70 年代由法国率先兴起的生态博物馆的最初灵感也来源于早期的露天博物馆。

12. 医学博物馆

医学博物馆现今已被纳入科学博物馆的展览范畴，除了几个显著的例外，比如费城的穆特尔博物馆和苏格兰格拉斯哥皇家外科学院的亨特尔医学博物馆等。医学博物馆的起源可以追溯到文艺复兴时期的古董柜，这些古董柜经常展出人体骨骼和其他诸如药材等实物。医生和药剂师利用这些设施展出他们收集的标本，作为他们专业活动的一部分，在教育学生的同时，也提高了他们在同行中的声望。16 世纪后期，由于医学界更加重视医学的教学与实践，医学收藏成为医学教育的一个基本组成部分。17 世纪出现了长期保存软组织样本的新发展，到了 18 世纪中叶，像约翰·亨特这样的医生率先将解剖学收藏作为教学工具。19 世纪初，大不列颠的许多医院和医学院都建立了相当规模的教学馆藏。在美国，早在 1762 年，费城的宾夕法尼亚医院就已经收集了关于怀孕各个阶段的石膏模型作为展品。

19—20 世纪初是医学博物馆的鼎盛时期。作为医学教育的重要组成部分，干、湿解剖标本，石膏，素描，油画和照片等成为解剖学教学的有效手段。但到了 20 世纪 20 年代，医学博物开始逐渐衰落。医药学现在已成为各科学博物馆中的一个分支。

13. 特殊主题博物馆

世界上存在着许多种不同主题的博物馆，如音乐博物馆，为纪念作曲家或音乐家的生活和工作；如俄亥俄州克利夫兰的摇滚名人堂和博物馆、圣路易斯的蓝调博物馆、俄罗斯圣彼得堡的里姆斯基—科尔萨科夫公寓博物馆、北京故宫的钟表馆等。

在亚利桑那州的格伦代尔，串珠博物馆讲述的是全球范围内对串珠的历史、文化和艺术意义的欣赏和理解，这些串珠和相关文物可以追溯到 15000 年前。在美国西南部的还有历史悠久的城镇，如亚利桑那州的汤姆斯通。这些历史城镇是许多"活历史"博物馆的所在地，游客可以在这些博物馆中从扮演历史人物的角色的演员那里了解某一历史事件，位于弗吉尼亚州的威廉斯堡殖民地就是一个致力于通过重演来保存美国故事的例子。

以青少年为对象的博物馆，如世界许多地区的儿童博物馆或玩具博物馆，经常展出各种主题的交互与教育内容，如西班牙的玩具博物馆。而美国棒球名人堂暨博物馆、德国多特蒙德博洛西亚博物馆等都是体育主题类博物馆。康宁玻璃博物馆记述玻璃的艺术、历史和科学。国家犯罪与惩戒博物馆则探索解决犯罪的科学。位于美国肯塔基州丹维尔的美国玩具屋博物馆以缩微的方式描绘了美国的社会历史。毗邻斯图加特保时捷工厂的保时捷博物馆更是一座世界著名的单一主题性博物馆。

此外，动物园和植物园通常不被认为是博物馆，但实际上它们也可被称为一种生命博物馆。它们具有与其他博物馆一样的存在的意义：教育、学习、激励、开发与馆藏，一些这样的园馆也同样设有展览馆供游客们参观。为参观者尤其是青少年提供有关动植物学的知识与相关的科普话题。

动物园与植物园是人们最喜爱的地方之一，它们的到访者人数远远超过大部分普通博物馆。世界著名的动物园包括美国的圣地亚哥动物园、英国伦敦动物园、芝加哥的布鲁克菲尔德动物园、纽约的布朗克斯动物园、迈阿密海洋博物馆、辛辛那提动物园，以及瑞士的苏黎世动物园等。著名的植物园包括英国皇家植物园、巴黎的植物园、布鲁克林植物园、芝加哥植物园、中国台湾台北植物园、悉尼植物园和加拿大的皇家植物园等。

（三）我国博物馆的专业化

国内博物馆从中华人民共和国成立后大致经历了 20 世纪 50 年代至 80 年代初的苏联模式发展阶段、80 年代初至 90 年代末的恢复发展阶段、21 世纪至今的高速发展创新阶段三个主要时期。博物馆的展览主题从最开始的以传统的历史文化类占绝对主流发展到现在逐渐多样化，兴起了大量的行业专题性博物馆，展览方式亦趋于多样性。传统的历史文化类博物馆在新世纪里向专业化、国际化的方向迈进；新兴的行业专题性博物馆则因建立时间短、缺乏历史积淀、相应的博物馆管理的规章条例尚未更新，与传统历史文化类博物馆相比在藏品研究修复上存在滞后性，在专业化道路上还需进一步探索。应从普遍的历史脉络展览逐渐向历史、科技、社会、艺术的融合展览迈进。总体而言,国内博物馆要想进一步向国际一流水平迈进,还需要在人才培养上继续努力。

具体来说,博物馆自 20 世纪初从西方传入中国,发展到当下已有百余年。在这百余年里,经过有识之士和政府、社会、民间组织的大力推介,博物馆已跻身衡量城市建设发展的标志之一,与图书馆、市政广场一起成为文明城市的符号。尤其是近十几年,借力于城市改造和房地产开发,博物馆建立的速度可谓突飞猛进,单霁翔老师曾经感慨道,现在基本达到了三天新建一个馆的程度。在总体数量上,根据国家文物局官网的博物馆数量统计,截至 2021 年,国内博物馆数量(不含香港、澳门和台湾)已达 5788 家之多。有了如此多的数量,国内博物馆发展的质量——其专业化的程度又如何呢?作者简单梳理了中华人民共和国成立后国内博物馆的发展脉络,从展览主题、展览方式和公共教育演化的角度大致将其分为三个阶段。

1. 20 世纪 50 年代至 80 年代初

20 世纪 50 年代至 80 年代初这一阶段国内的博物馆可以说是处在苏联模式发展阶段。现代意义上的博物馆概念是在西方国家形成的,其发展主要是在 19 世纪末至 20 世纪初,经历了一场博物馆现代化运动,使社会普遍接受了博物馆是一个社会教育机构的这个观念。第二次世界大战后博物馆参与到学校教育中,逐步确定了其收藏、展览、研究、教育的几个核心功能。20 世纪 70 年代,博物馆掀起了从"以物为主"到"以观众为主"的转变,历经一路的变革与运动,才使博物馆成为现在这样一种为社会及其发展服务的、向公众开放的非营利性常设机构,为教育、研究、欣赏的目的征集、保护、研究、传播并展出人类及人类环境的物质及非物质遗产。与西方不同,国内博物馆一开始走的是苏联模式,这是一种综合表现地方历史、自然资源和社会主义革命成就的社会主义博物馆形态。这种形态的博物馆的主要特点是注重历史阐释,在陈列上要以唯物主义的观点,向人民进行马克思列宁主义、毛泽东思想、爱国主义教育和爱社会主义的教育,典型的便是 1958 年在毛主席视察安徽省博物馆后,决定筹建的中国历史博物馆、中国革命博物馆和中国人民军事革命博物馆,主旨思想便是"让人民认识到自己的历史和创造力",这三大馆成为后来各地建立博物馆学习的典范。所以这一时期博物馆在制度建设、展览模式上存在大量的同质化现象,在机构设置上以三部一室为主,展览陈列上基本以红色历史为主。这一阶段由于领导人的重视和历史唯物主义教育的客观需要,促成了大量以历史题材为主的博物馆的诞生,为国内博物馆发展在数量上夯实了基础。而且这一时期博物馆最重要的贡献是确立了博物馆作为"科学研究机关、文化教育机关、物质文化和精神文化遗存或自然标本的主要收藏所"的三重性质，明确了博物馆要"为科学研究服务，为广大人民服务"的办馆宗旨。

2. 20 世纪 80 年代初至 90 年代末

国内博物馆发展的第二个阶段是从 20 世纪 80 年代初至 90 年代末，通过颁布《中华人民共和国文物保护法》、建立中国博物馆学会等措施使国内博物馆的发展逐渐恢复正轨。经过十年的积累，到 90 年代以陕西历史博物馆、上海博物馆、河南博物院等重要省份的场馆建设为标志，国内博物馆逐步突破苏联模式，向专业化方向迈进。

在展陈主题上，这一时期的大馆建设依旧以历史文化题材为主，同时凸显本地特色。但与第一个阶段不同的是，在展览布置、藏品说明等阐述方式上，更多的本着以实物见证历史的方式，通过馆内收藏的实物藏品，辅助于历史文献，向观众展示历史的脉络和文化的渊源传承。布展方式上，除了传统的文字、图片和实物外，也逐渐借助辅助展品如沙盘模型、地图、美术作品等，有些甚至还制作了场景复原，展览形式开始多样化。

这一时期还有一个重要的变化是兴起了一些行业专题性博物馆，这些专题性博物馆很多在行政隶属上不归属于国家文物局下的博物馆处，而是隶属于各自行业、专题的直属单位。例如，80 年代初到 90 年代末建立的中国邮政邮票博物馆（1985 年开馆，隶属于国家邮政局）、中国农业博物馆（1986 年开馆，隶属于农业部）、中国煤炭博物馆（1989 年开馆，原隶属于煤炭工业部）、中国体育博物馆（1990 年开馆，隶属于国家体育总局）、中国钱币博物馆（1992 年开馆，隶属于中国人民银行）、中国丝绸博物馆（1992 年开馆，原隶属于纺织工业部等部门）、中国现代文学馆（2000 年开馆，隶属于中国作家协会）。

这些专题性博物馆在展览题材上极大地丰富了博物馆的陈列主题，是传统历史文化题材博物馆的重要补充。不过这个时期，专题性博物馆在展览陈列上依然是以本行业的历史展示为主，如中国农业博物馆的基本展陈是中华农业文明陈列，中国钱币博物馆的基本展陈是中国古代货币陈列和中国近代货币陈列。不过行业性的历史展示中总离不开行业基本知识的介绍，有些行业基本知识借助互动演示呈现得会更清楚，所以这种新型的行业博物馆也带有浓郁的科普互动性质。

3. 21 世纪至今的快速发展

（1）历程分析

21 世纪以来，随着新首都博物馆的建设、国家博物馆的改建、南京博物院的改建，我国博物馆事业走上一个新的台阶，向更专业化、国际化的方向迈进。主要体现在展览水平、接待能力、人性化服务等方面，逐步向国际水平靠拢。

随着 1997 年由中国文物报社、中国博物馆协会主办的全国博物馆十大陈列展览精品展影响力的逐渐增强，这一时期的博物馆非常重视展览的举办，力求在内容和形式上推陈出新，展览理念诉求于沉浸式的体验感，多采用辅助展品、灯光、音乐、多媒体等手段营造一种时代感，把观众带入特定的历史背景中或历史环境中，以身临其境的感觉去参观体验。在展览宣传上，除了传统的媒介宣传外，各馆着力经营自己的手机 App，官方微博、微信号、抖音号，以亲民的宣传和互动，拉近博物馆与观众的距离，增强了观众和博物馆的互动性。

博物馆等级评估标准也发生了变化，从以前的看重藏品等级和保管到现在的综合评比，将布展、展览水平、观众接待量等凸显博物馆服务社会的部分的占比增加。某些大馆如国家博物馆、上海博物馆，甚至形成了依托展览的专业教育团队，由展览开始，形成展演、讲座、夏令营、亲子活动等多种形式的观众活动，丰富了博物馆的展教内容，增强了观众黏性。不过在展览内容上，这一时期的展览主流依旧是历史文化主题类，如国博、首博和各地省博的常驻展览仍旧是中国历史和各地历史文化的脉络展，按照旧石器时代、新石器时代、夏商周、秦汉魏晋南北朝、隋唐、辽宋元金、明清和近现代的历史顺序布展，所区别的就是各地按照自己的历史脉络所选择的的侧重点不同。甚至连吸引观众的临时展览中，历史文化题材占比也非常高。不过这个阶段博物馆对历史的阐释更加中立、多元，不再像第一阶段时带有明显的阶级倾向性，而采用以文物自身诉说的方式传递着历史理念，引领观众辩证地看待历史。

最近二十年传统博物馆在专业化道路上有两个迈进：一个是在展览题材上，逐渐突破历史文化类的主题束缚，向着跨文化领域和艺术领域发展，且更具有国际化视野，如南京博物院的"法老·王——古埃及文明和中国汉代文明的故事"展、浙江自然博物馆和河南博物院联手打造的"生命·超越——中原文化中的动物映像"展、首都博物馆的"日内瓦：时光之芯——瑞士钟表文化之源"展都体现了这个趋势。此外，从近五年来十大精品展的获奖展览来看，单纯的历史脉络展览已经较难取胜，能获奖的作品要么跨领域，要么切入点独特，制作非常精良。另一个是展览手段上的创新与进步，以及配合博物馆展览开展的教育服务逐渐生动化。博物馆传统的展览手段是文字、图片、实物以及一些辅助展品，而近些年随着科技的进步，博物馆在展览手段上，逐渐采用一些数字技术，如虚拟现实（VR）、增强现实（AR）、3D 立体成像、数字全息影像等技术，配合科学的灯光和音响使用，随处可见的触摸互动和视频播放让博物馆的展览变得很热闹，从以前单纯的"看"展览，变成了调动观众多种感官的展览：看、听、触摸、互动。同时，对于普通观众而言，去博物馆除了参观展览外，还有更多有意思的事情可以参与。如听博物馆举办的讲座，看博物馆的话剧演出，听音乐会，参加博物馆组织的亲子活动、夏令营、教育课堂，购买博物馆出版的图书、画册、绘本以及文创产品等。博物馆配合展览，在公共教育领域的活动也逐渐多元化，除了传统的为观众提供展览时的参观讲解任务外，一些国家级的大型博物馆在公共教育领域配合展览，开展多项有趣的活动，吸引观众参与的同时也创造了经济价值，实现了文化经济双丰收。这些活动让传统的历史文化类博物馆借助自身优势，发展得越来越专业化、国际化。这种多元创收的发展既符合博物馆作为公益机构不以营利为目的的宗旨，也让博物馆从国家财政拨款里慢慢解脱出来，有收入和力量去做更好的展览。这是国内博物馆发展的一个方面。

（2）专题性博物馆的发展

21世纪国内博物馆发展的一个新动向是越来越多的行业专题性博物馆逐步建立，所以本书在这里重点分析一下专题性博物馆。仅在北京，就有如中国电影博物馆、中国妇女儿童博物馆、北京汽车博物馆、中国传媒大学传媒博物馆、中国海关博物馆等行业专题馆。从全国范围来看，行业专题性博物馆的数量上升趋势非常快，而传统历史文化类博物馆也因此占比下降。这些行业专题性博物馆的建立，在展览主题上拓宽了传统历史文化类博物馆的展示范围，使得观众可以就自己感兴趣的某一相关知识领域进行快速了解；因为展览主题的特殊性，行业专题博物馆在布展上会更加前卫、创新，更凸显各自的专题特色，不再局限于以行业领域的历史介绍为特点，而是发掘自身特色以吸引年轻人的关注。这种创新也是时代发展的潮流所趋。从世界范围内看，欧美等发达国家除了大英博物馆、大都会、卢浮宫等体量庞大、具有历史文化艺术价值的馆舍外，遍布欧洲、美国的一些小而精、以特定领域的主题为核心的博物馆也是欧美博物馆文化领域的重要组成和补充，甚至成为了社区的核心，不光服务博物馆周边居民，每年还吸引大量的参观人流。

如中国传媒大学传媒博物馆，作为国内首家以传媒为主题的专题性博物馆，它的出现填补了两个空白，一是博物馆领域第一次出现了传媒主题的博物馆，二是在传媒这个行业领域第一次有了博物馆。传媒博物馆以其新颖的广播、电视、电影、传输等展览主题，吸引着很多致力于投身广电行业的学子和对这一领域感兴趣的参观者。传媒博物馆有两个亮点：一是在其电视馆二厅有一个虚拟演播室，以现代科技手段解密电视节目制作和主持人如何工作，给非传媒工作者以科普、解惑以及体验的乐趣；二是广播电视馆里展示的收音机、电视机，激发了很多观众的怀旧情怀。行业专题类的博物馆在丰富市民文化上所起的作用愈加凸显，但是与传统历史文化类博物馆相比，这些专题类博物馆在专业化的道路上仍任重而道远。

一是建立时间短，缺乏历史积淀。不同于传统历史文化类博物馆有着五六十年甚至上百年的历史和藏品积淀，专题类博物馆大多为20世纪八九十年代至今新建的馆舍，如中国烟草博物馆2004年成立，北京电影博物馆2005年建立，中国妇女儿童博物馆2010年建立，中国航海博物馆2010年成立，中国海关博物馆2014年建立，建馆和运营时间都很短。虽然各馆在建馆之初都八仙过海、各显神通地筹措文物，但由于近些年民间收藏意识的增强以及收藏品价格的水涨船高，行业博物馆收集藏品的难度很大，大多依靠社会征集以及借展这些手段来筹措展品。在藏品的积累上，无法与各历史类博物馆相比。缺乏时间的积累，藏品先天数量不足，只能靠展示手段来弥补提升，所以新建馆的展示手段更加依赖声光电等科技手段，给观众一种炫目的专业感。但这也带来了很多争议，毕竟传统的历史文化类博物馆都建立在"物"的基础上，也就是以"藏品"为核心。而新建的行业专题博物馆因为展品数量的不足，大量借助现代化展示手段挑战了以往的博物馆建立在以实物为基础上的认知，但是却又符合2007年国际博协最新的关于博物馆的概念认定：博物馆是一个为社会及其发展服务的、向公众开放的非营利性常设机构，为教育、研究、欣赏的目的征集、保护、研究、传播并展出人类及人类环境的物质及非物质遗产。而且西方社会自20世纪70年代出现的以发现馆、探索馆为代表的"科学中心"也体现了博物馆一种新的业态，只要是以教育服务公众为目的的公益机构，藏品也并非是必需品，拥有互动的可拆卸、可触摸的展品也是一种实现博物馆价值的途径。

二是由于这些专题类博物馆属于新兴事物，相应的博物馆管理的规章条例尚未更新。如之前关于统计数据和历史脉络的梳理所显示的，我国博物馆的主流是历史文化类博物馆，而历史文化类的核心则是以文物和历史为主，所以我国大多数博物馆是隶属于文物局的，接受文物局的领导，而专题类博物馆在行政隶属上大多属于各自行业单位，其馆藏很多算不上"文物"，只能称为"藏品"，但是在藏品管理方式上，专题类博物馆还是要按照传统博物馆的文物藏品管理条例来执行。比如从2014年到2015年进行的国家可移动文物普查，很多行业专题类博物馆也被纳入普查范围内。国家可移动文物普查，仅从定名就可看出其普查偏重的方向。行业专题类博物馆的馆藏很多是新兴行业的纪念品，如电影、传媒，本身只有百余年的历史，所收藏的藏品更迥异于传统文物收藏，主要是电影机、电影拷贝、收音机、电视机等，是一种见证现代化历史的收藏，是对视听时代将要逝去的纪念。这类收藏品，大多产生在工业化革命以后，是大工业流水线上的批量产品，在稀有性和艺术性上都不如传统的文物藏品。但是目前我们尚没有关于这类博物馆藏品的特定管理指南，依旧是沿袭着文物类的保管、整理方式。而博物馆的发展并非全是以文物为主的，无论是国际博协在 2007 年的章程中对博物馆的定义，还是 2015 年颁布的《博物馆条例》，都明确了博物馆应重在收藏、保护、展示、教育和传播这几个功能上。

三是与传统历史文化类博物馆相比，行业专题类博物馆在藏品研究修复上有明显的滞后性。传统历史文化类博物馆的收藏主要是以瓷器、玉器、青铜器、金银器、丝织品等质地为主的文物类藏品，基于时间与经验的积累，国内目前在这些器物的保管与修复上已经有一套标准的流程和专业的指导手册，什么材质适合多少的温度、湿度、照度都有据可查，如何延展藏品寿命，如何修复都是有相关专业的人士可以提供技术指导的。而行业专题类博物馆的情况则比较复杂，有些传统行业从古至今一直存在，本身行业就积累了大量的技术，可以反哺博物馆用以修复，而有些行业博物馆如电影、汽车、广播、电视、航空等主题，其行业存在也只有二三百年，有些甚至才一百多年，作为收藏品的物件本身年代也不算久远。但现代社会的发展实在太过迅速，科技进步日新月异，技术更新所引发的科技淘汰层出不穷，技术更新从过去的几百年才完成到现在的几十年乃至几年内就完成了，行业专题类博物馆所收藏的现代物品如何保管、如何修复是摆在新兴的行业专题类博物馆面前的一道坎。还是以传媒博物馆为例。该馆收藏有大量视听时代的黑胶唱片、薄膜唱片，其主要材质是聚乙烯，对这种材质的藏品，尤其是薄膜唱片，如果不做妥善保管，随着时间流逝，唱片将无法播放，其上记载的信息也就流逝掉了，仅剩薄膜这种物质载体，藏品保存的意义便少了一层。但如何延展其寿命，囿于藏品本身存在时间尚短，还需要新兴专题类博物馆的工作人员做进一步探索。再比如在收音机领域里，20 世纪六七十年代流行的胶木壳和塑料壳收音机，虽然年代不久远，但是因为使用的是新型工艺制成的材料，以前积累的保管修复知识无法使用，致使很多塑料壳收音机的机壳开始出现黏连感。就作者熟悉的几类近现代藏品收集单位而言，如百年世界老电话博物馆、中国电信博物馆也遇到过六七十年代的塑料电话机和 90 年代的硅胶塑料手机壳出现这种黏连感的情况，由于这些藏品属于行业小众收藏，尚未有规范的藏品保管和修复规范供参考指导，遇到问题而不知如何解决困扰着一些行业专题博物馆的发展。不过行业专题性博物馆在最近十年也有一个很大的进步，就是展览内容日趋多元化。以前囿于行业博物馆这种新生事物，筹备行业博物馆的人大多是行业内部人士，没有办博物馆的经验，在做展览的时候很自然地会向已经有较为长久历史的历史文化类博物馆学习，而在历史文化类博物馆的展览中，通史展览或者以历史为线索的展览数量众多，所以早期行业博物馆很多都是行业历史回顾展，毕竟每个行业，或长或短，都有本行业的发展史，同时行业史的梳理也是最容易的。可喜的是，近十年来由于博物馆整体策展理念的改变，整个博物馆界对服务观众和博物馆的教育几乎达成了共识，在这种浪潮中，一些专业性行业博物馆在展陈中逐渐摸索出一套兼顾行业历史，又带有行业科普解密和行业艺术审美，三者融合的办展道路。典型的如位于丰台的北京汽车博物馆，作为 2011 年的新建行业类博物馆，建馆之初，博物馆的定位就是一个不只是看车的博物馆，不只是陈列汽车的博物馆，不只是看中国汽车的博物馆，而是表达人、车、生活、社会关系的博物馆，它将自己定位为行业博物馆、科技馆和展览馆，在策展上也把握了行业历史、行业科技和社会人文三个主题。

汽车博物馆和丰台规划馆在一栋楼里，汽车博物馆占据一楼的一半以及三四五层，它自上而下设置了创造馆——讲述世界汽车的发展史和中国汽车工业的发展历程，进步馆——以互动体验的方式介绍汽车内部结构、工程技术、安全性能、设计生产等相关知识，引领观众进入汽车的科技世界，未来馆——反映新技术发展、生态与环境、能源与生活方式等相关话题，探讨解决之道和汽车未来的发展方向。整个展览策划围绕行业历史、行业科技、行业和社会关系以及未来几个侧重点，抛却了从行业内部看行业，而是从整个社会历史潮流看行业发展以及行业对社会的贡献。作者认为这才是未来专题性行业博物馆的发展道路。

根据搜集的材料，近年来行业博物馆中的翘楚如中国电影博物馆、中国煤炭博物馆、中国丝绸博物馆也逐渐在展览中探索结合行业历史、行业科技以及行业与社会发展的新的策展方式。这种新的策展，一定是把科技、艺术、历史紧密结合起来并以互动有趣的方式向观众展开。

虽然有这种可喜的变化，但毕竟是少数，只是代表了专业性行业博物馆未来发展的方向之一，我们要看到，目前代表了发展方向的专业化大馆也即博物馆业界评定的一级馆在所有博物馆数量中占比极小，更多的还是那些没有等级和级别较低的小型馆，只有这些数量众多的小型博物馆都发展探索出符合其定位的道路，这才是我国博物馆彻底走上专业化道路的标志。小型博物馆要走向专业化，未来发展还是要靠专业的博物馆人才。而目前博物馆发展困境的原因之一也是因为博物馆专业应用性人才的不足和人才得不到重视。

根据《国家博物馆事业中长期发展规划纲要（2011—2020）》，到 2020 年，要从 40 万人拥有 1 个博物馆发展到 25 万人拥有 1 个博物馆。科技、（当代）艺术、自然、民族、民俗、工业遗产、20 世纪遗产、非物质文化遗产等专题性博物馆和生态、社区、数字博物馆等新形态博物馆将得到充分发展。博物馆的种类会更加丰富，除了传统的历史文化类博物馆外，新兴的专题性博物馆、生态博物馆、数字博物馆数量也会大增。在这种情况下，我们一方面面临博物馆大发展、大繁荣的迅猛成长期，而另一方面，我们则面临博物馆专业人才的紧缺。我们国家自 1983 年开始在南开大学、北京大学、复旦大学等高校开设博物馆学专业，受博物馆学教师队伍、办学理念等影响，这些高校主要培养文物及考古学专业的学生，从其对学科的命名即知，很多高校博物馆学称之为"文物与博物馆学"。课程设置大多数是历史学、考古学、文物学、博物馆学、文物保护的大杂烩，其所培养的博物馆学人才基本上只能适应单一类型的博物馆即以文物藏品为主的历史文化类博物馆的需要。而目前国内博物馆愈加多元化，专题类、行业类、科技类和科学中心类博物馆数量逐年增加，发展势头如火如荼，博物馆所需要的展览策划人才、配合展览开展的专业主题教育和文创产品开发人才却非常难寻。目前主要还是靠博物馆界从业人员的自身经验积累，在实践中摸索，这种模式是无法满足庞大的社会需求的，而且也存在上手慢的问题。这种博物馆人才现象制约了我国博物馆未来向专业化方向的发展，需要引起足够的重视，探索新的以实践性为主的博物馆人才培养模式，而非传统的文物类博物馆培养模式。这不是对文博行业的否定，而是时代的进步的要求。

此外，博物馆的专业教材也较为缺乏，目前很多高校还使用着王宏均老师主编的《中国博物馆学基础》一书，这本书自 2001 年后就没有修订过，虽然此书非常经典，在 20 世纪 90 年代末就已经探索了博物馆藏品的数字化管理以及新科技在展览中的应用等当时很前瞻的问题，但毕竟时过境迁。同时，从业务实用性来讲，国内博物馆学的教材都是理论性过重，实践性不足。举个例子，该书提到文物藏品具有历史、艺术和科学价值，并根据其价值不同划分为珍贵文物和普通文物，珍贵文物又分为一、二、三级，但是对于实际操作者而言，如何定义历史、艺术和科技价值对于初学者是很难实践的。相比而言，美国乔治·埃里斯·博寇从自身实践经验出发总结的《新博物馆学手册》则实用很多，它同样涵盖了博物馆学方方面面的基础要略，而且每一章都设计有实用性的练习题，既非常适合博物馆专业的课堂讨论，也适合刚入行的博物馆工作者。比如它讲博物馆的类型，除了按常理陈述分类外，会提供各种案例，让阅读者自由思考，即便是同一类的藏品，按照不同的布展思路，也可以做出不同类型的博物馆，非常具有实际操作价值和启发意义。

以上作者梳理了中华人民共和国成立后国内博物馆发展的简单脉络，着重从展览题材、展览方式以及公共服务等领域对传统历史文化类博物馆做一梳理，总结出专业化、国际化的发展方向。同时探讨了近20年来新兴的专题性博物馆在专业化道路上所遇到的新问题、新挑战以及部分优秀博物馆所发展探索出的新道路，并就人才培养和教材使用上提出了一些不是很成熟的观点，抛砖引玉，供各位同仁批判指正并共同探讨。

4. 相关的发展问题分析

中华人民共和国成立以来，我们的博物馆一直实行的是统一管理的办法，即由国家安排建设计划、国家提供各项资金、国家进行统一管理、国家确定业务内容，在过去计划经济的条件下，这种高度统一管理的体制，便于统筹安排、综合协调。但是，随着市场经济体制的逐步建立和城市现代化建设的迅速发展，过去的管理体制表现出了极大的不适应。

第一，博物馆的国家建设资金与社会实际需要不适应。目前，国家经济和城市财政还不很充裕，正在进行的大规模经济建设又需要在很多方面给予投资，在此情况下，今后数年国家仍不可能拿出很多资金投入博物馆事业，现在每年投入博物馆的建设资金不足城市建设资金的1%。每年国家拨给各博物馆的事业费，仅为各博物馆正常开支的50%。然而，社会的发展和人们文化生活水平的提高，不断对博物馆的发展提出新的要求，作为全国文化中心的北京，在20世纪末，应该达到每十万城市居民拥有一座博物馆的水平。为达到此目标，必须加大对博物馆事业的投入。

第二，博物馆的分散投资方式与综合效益提高不适应。在投资方面，改善现有条件对所有博物馆来说，几乎都是迫在眉睫的，无论是新馆还是老馆，由于先天不足，都急需加强和充实，面对有限的资金和广泛的需求，过去往往采取平均主义和分散主义的投资方式，结果是不论办馆条件如何、投资效益好坏，按各馆规模安排经费。各博物馆也习惯于根据国家下拨经费来确定自己的工作，多拨钱多干事，少拨钱少干事，不拨钱不干事，尚未摆脱传统观念的束缚，缺乏自主能力，业务思想停留于等、靠、要。因此，各博物馆的建设与展陈长期停留在较低水平，更谈不上达到国际先进水平，发挥良好的社会效益和经济效益。

第三，博物馆的单独运营状况与整体优势发挥不适应。虽然博物馆群体拥挤在国家统一管理的体制下，但是各博物馆自我封闭、自成中心，馆际相互封锁、各自为政，藏品种类得不到扩充、重复文物得不到交换调剂、展览得不到合办与互换、业务信息得不到交流与沟通，北京地区博物馆的群体作用和群体效益难以正常发挥。

第四，博物馆的传统展陈内容与当代大众需求不适应。多年来，我们一直把挖掘、收藏、保管和展示古代文物视为博物馆的中心任务，似乎只有出土文物和传世古董才有资格进入博物馆，而那些充满时代气息，与当代人的生活密切相关的实物、纪念物和近现代诞生的科技成果却往往遭到忽视。结果是各博物馆从陈列内容到表现手法雷同现象严重，千篇一律的展览疏远了众多不同年龄、不同阅历、不同文化层次、不同职业的观众，造成门庭冷落的状况。

通过以上分析我们看到，长期以来，在计划经济体制下形成的高度集中、高度统一的博物馆运行机制，在经济体制向市场转轨的过程中矛盾重重，管理模式和运行机制发生危机，在这种管理模式和运行机制下形成的思想方式处处碰壁。另一方面，市场经济的冲击，又给博物馆的蓬勃发展提供了机遇，将冲开博物馆自我封闭、盲目办馆的大门，迫使其改变脱离经济建设主战场的状况，使其面对现实、面对社会。市场经济把博物馆推上城市经济活动的舞台，将拓宽博物馆的发展领域，使博物馆的工作成果可以尽快转化为生产力，实现它的社会价值和经济价值。市场经济的竞争机制有选择地引入管理，也将给博物馆带来生机与活力。由此可见，市场经济的冲击，既是挑战，又是机遇，它使博物馆面临两种命运、两个前途，呈现出危机与生机并存的局面。如何将危机转化成生机呢？本书作者认为，必须对博物馆的现状结构进行以下调整。

一是调整博物馆的建设结构。博物馆事业是社会性很强的事业，社会事业要社会办，今后博物馆的建设主体不应再是政府和文物部门，而是要重视发挥社会各界的力量，充分调动社会各行各业办博物馆的积极性，提倡各行各业兴办体现行业特性和时代特点的专业博物馆，鼓励区、县和乡镇、街道建设和发展具有个性特点和地方特色的中小型博物馆，推广企事业单位办馆、私人办馆、合资办馆、集资办馆的经验。例如，正在筹建的中国商业博物馆、北京戏曲博物馆、北京漕运博物馆、北京花卉博物馆等都属于动员社会力量创办博物馆的积极探索。只有形成这种多渠道、多层次的博物馆建设格局，才能满足社会对博物馆建设的需求，才能使博物馆事业不断地取得较大发展。作为政府和文物部门，今后在博物馆建设方面，除要重视现有博物馆的发展，并量力而行地建设少数大型博物馆外，要对各行各业兴办博物馆在人力、物力、财力上加以扶持，同时理顺和调整管理体制，做好统筹规划、政策信息引导、组织协调、提供服务、检查监督的工作。

二是调整博物馆的投资结构。在投资方面，今后要理顺投资思路，调整投资结构，讲究投资效益。要克服平均主义和分散主义倾向，把有限的资金用到最需要的地方。对一批地理条件优越、独具特色、有较大影响的博物馆要提高投资强度，进一步提高办馆水平，充分发挥其优势，取得更大的效益。与此相反，对于一些由于历史原因，尚未解决古建筑群的收复问题，不具备举办好展览条件的博物馆，则不盲目在展陈方面增加投入，而把近期工作目标集中在馆舍的收复上，积极创造条件，待条件成熟后再加大博物馆展陈方面的投入。只有分清轻重缓急，有所为有所不为，才能建设一个，成功一个，把一批博物馆推入先进水平行列，取得良好的投资效益。

三是调整博物馆的运营结构。博物馆的不同条件、任务和性质，决定了各自的优势和局限性，因而，应大力提倡馆际开展协作和交流。建立馆际的横向联系有利于扩充藏品种类、更新陈列展览、交流业务信息、促进学术研究、减少资金投入、增加经费来源。近期要提倡在互惠互利原则下，开展馆际间重复文物藏品的交换调剂活动，提倡馆际之间合办展览、互换展览、联合开展对外文化交流活动，充分发挥群体作用和群体效益。各博物馆由自我宣传变为互相宣传，由自我发展变为共同发展，从而增加博物馆的整体活力、吸引力、凝聚力和竞争力，依靠博物馆系统的合力，形成博物馆工作的良性循环。

四是调整博物馆的内容结构。博物馆的内容应该充分以当地的文化、民俗等为重点，力争反映当地的整体风貌。以历史博物馆来看，其在保存好古代文物的基础上，应多注意表现当代人的生活。博物馆只有与现代社会有机结合起来，才能焕发出巨大的活力，也才能受到社会普遍的关注和重视，才会有更多的人前来光顾。只有当博物馆在人们文化生活、精神生活中的地位，就像银行在人们经济生活中的位置一样重要的时候，博物馆的门庭才不再冷落。因此，在市场经济条件下，博物馆的社会服务内容，要从过去的有什么藏品就办什么展览，就提供什么样的服务，转变到社会和市民有什么需求就办什么展览，就提供什么样的服务内容的新路子上来。也就是说，一切从社会需求出发，而不是从主观意愿出发，真正做到满足民众需求。

二、文博产业的走向与未来

2017 年 6 月，来自大英博物馆的百余件藏品在北京、上海进行巡回展出，产生了巨大影响。一个展览所传递的价值和理念让我们从中感悟和体验到"信息"传达的多样性和表述的丰富性。在我国文博事业已上升为国家战略的今天，如何解放思维，借助先进技术和全媒体手段让文物活起来，从而满足人民日益增长的美好生活需要，发展社会主义先进文化，增强文化自信，提升文化软实力，是我们要思考和解决的现实问题。

这次在上海的展览命名为"大英博物馆百年展"，同样的展品经过不同的策划包装和推介产生了不一样的传播效果，这也是展品在上海展出的特色所在，其中还包括举办亲子音乐会在内的文创推广等一系列活动，为观众呈现出完全不同的传播效果。此外，展览还借助英国 BBC 广播公司等媒体的传播力量进行有效宣传，打造了一个有形的文博品牌，在我国和英国都产生了较好的影响。此次展出的文物大部分都是来自世界各地的文化瑰宝，这既让我们感叹世界文化遗产的巨大魅力，又值得我们深入思考——在飞速变化的智媒时代，如何保护和传承本民族的文化和历史，让世界文明历史瑰宝重新焕发生命力？它让我们思考，如何让这些承载着人类历史积淀、有传承价值的文物在更大范围内传播？其具有的文化历史内涵与市场价值怎样得以实现？我国文博产业究竟该如何发展，才能不断激发新动能、焕发新活力、创造新业绩？

（一）我国文博事业成为国家战略

十九大报告把加强文物保护利用和文化遗产保护传承提上了重要议事日程。其中特别提到"推动中华优秀传统文化创造性转化、创新性发展，继承革命文化，发展社会主义先进文化，不忘本来、吸收外来、面向未来，更好构筑中国精神、中国价值、中国力量，为人民提供精神指引"，这为我国文博事业确定了基本路线，为文博事业的未来发展指明了方向。值得关注的是十九大刚刚闭幕，中央政治局常委会委员就一同前往上海参观中共一大会址，在会址现场的党旗下进行了新一届领导集体的宣誓。另外，2017 年美国总统特朗普访华在参加欢迎仪式前把首站选在了北京故宫博物院，了解博大精深的中国传统文化成为两国元首见面的热议话题。这些内容无一不向人们传达出一个重要信号——我国文博事业赶上了一个新的发展机遇期，迎来了一个新时代。

据《2017 中国文物统计提要》统计，近 5 年，我国文物事业发展速度加快，主要业务指标增长快速。全国文物事业机构数量从 5728 家发展到 8954 家，增长了 56.3%。事业机构的逐步健全为我国文物事业发展提供了人才保障和持续改善的基础条件，体现了全社会对文博工作的认同和重视。此外，全国各地区出台文物法规、规章累计达到 263 部。2017 年 11 月新修订的《文物保护法》提出"保护为主、抢救第一、加强管理、合理利用"的文物工作方针，提供了更加完备的制度依据和更加具体的办事规则。2016 年 11 月在深圳召开的国际博物馆高级别论坛上，时任国务院副总理刘延东表示：中国政府高度重视文化遗产的保护和利用，已经将博物馆事业上升为国家战略。我国文博事业蓬勃发展，从事博物馆工作的人员，既要把握国家大政方针和战略布局，又要立足现实，不断寻求突破，为建立文化自信、提升中国文化软实力，贡献我们的聪明才智。

近年来，全国博物馆每年举办展览超过 2 万个，参观人数约 7 亿人次，一年大约举办 20 万次教育活动，每年文物进出境交流展览项目近百个，中小学生利用博物馆学习的长效机制已经建立，博物馆在社会生活中的作用和地位更加突显。在北京，中小学生社会实践课程要求必须走进博物馆，这已成为北京市教育体系当中的一个重要组成部分，文博要从孩子抓起，已经形成社会共识，让学生从小就懂得中华民族传统文化的博大精深和文明国度的灿烂辉煌，着眼于 30 年以后的养成教育，这真是功在当代、利在千秋的大事。

（二）高度重视四个关键词

近年来，我国文博事业和文创产业发展迅速，各类文创节目、文创产品层出不穷。在这样的背景下，如何做好、做深、做透、做精、做出品质，推动我国文博事业向前发展，让博物馆"走出去"、文物"活起来"，是摆在博物馆人面前的现实问题。我国文博事业发展有四个"关键词"需要引起高度重视。

1. 创意创新

文博馆承载着历史文明和民族精神的灵魂，只有把文博馆所承载的文化元素和精神价值"提炼"成新的载体，才能"让文化活起来"，使文化自然地融入人们的生活。创意产品的开发和推广，是服务社会公众的现实需求，是文化创造力和传播力释放的需要和时代发展的需要。2016 年 5 月，国务院办公厅转发文化部、国家发展改革委、财政部、国家文物局等部门《关于推动文化文物单位文化创意产品开发的若干意见》的通知，正式拉开了博物馆等国有公共文化服务单位主动开发文化创意产品的序幕，这是一个非常值得关注的信息，文化产品的创意是无限的，只要想到了就能做到。俗话说：心有多大，舞台就有多大，创意的空间无法想象。在中国台湾很有名气的诚品书店在苏州落户，能把一个实体书店做出特色，吸引消费者光顾真是一件不容易的事，以书为媒创意出"且听臻境"的音乐体验空间，聆听好声音，以"寻找一个人的音乐厅"邀人们来聆听，参与寻乐发圈有奖活动，其中还提供适合朗读爱好者喜欢的朗读亭。每一张诚品通行证上都留下这样极富创意的话语："打开创意和想象的大门遨游人文艺术的美好世界，分享阅读和爱的礼物。"悦听世界，带给人们美好的想象力。创意还可以被理解成"无中生有"，有目的地创造符合主题和主旨的文化创意衍生品，目前已是大势所趋。好的文创产品应当满足三个基本条件：有用、有趣、有意。其中，有用是基础，有趣是保障，有意才是灵魂。大英博物馆的文创产品罗塞塔石碑系列产品、"钻石禧年"等系列产品为世界博物馆的创意产品生产提供了绝佳示范。

2. 品牌创新

目前，我国文博市场经济环境发展愈加成熟和稳健，然而中小型博物馆始终存在"现代营销"意识淡薄的问题，导致个别文博馆无法摆脱旧式桎梏的束缚，依然在"等、靠、要"上面做文章，失去大胆走向市场寻求发展壮大的良机。中国台湾学者黄光男曾提出"博物馆企业"的说法，实际上是以企业的角度审视博物馆的运营，提倡博物馆积极运用营销策略和手段来经营博物馆实体。对于文博企业化运营来说，要立足于逐渐成熟的市场、获取竞争优势及有利地位，就必须强化用户意识和品牌意识。对于文博馆，想取得长远、持续的发展，获得公众的支持与承认，同样必须打造属于文博馆文化的优势品牌项目，树品牌意识，铸品牌战略，达到"让文博馆走出去，让公众走进来"的目的。比如"燕国达人"是围绕北京市西周燕都遗址博物馆依托出土的国宝级文物——伯矩鬲创立的一个文化品牌，京津冀文博系统签约协同创新发展规划就将"燕国达人"的品牌资源进行共享。同时，三地还联合文博、旅游、传媒、科技等多行业的企业，共同为"燕国达人"品牌的推广出谋划策。这是跨域文博系统整合社会资源共同推广文博品牌的一次有现实意义的实践之旅。

3. 故事创新

2017年年底，央视大型文博类探索节目《国家宝藏》热播，由明星以国宝守护人的身份演绎国宝的前世今生，故事讲述方式的创新，让以故宫博物院为代表的全国9家博物馆的27件镇馆之宝"活"起来了。讲好故事的观念在博物馆界从未像现在这样受到如此高的关注，成为当今热搜榜的关键词。实际上，文博馆就是故事的汇集地和发源地，每件藏品背后都蕴含着丰富的历史文化内涵，讲述定位和传播理念的转变，新科技手段的推动，加上消费升级和文化共享浪潮的涌动，让越来越多的人用现代且年轻的口吻讲述文博馆故事，这是文博馆直接表达的一种新方式。我们迎来了一个文博讲述的"黄金时代",通过"见人、见物、见精神"的讲述,再现当今文博馆背后的故事。

4. 科技创新

"科技改变生活,技术引领时代"是社会发展的必然趋势。现代文博馆正在通过新科技的力量,让文化"真正活起来"。2018年5月18日凤凰卫视与故宫博物院联合打造的高科技互动艺术展演《清明上河图3.0》在故宫箭亭广场举行开幕式,同时推出《给孩子的中国画启蒙——什么都知道的长卷〈清明上河图〉》图解百科,3.0版的《清明上河图》融合了多种高科技互动艺术,构筑出真人与虚拟交织、人在画中的沉浸式体验,是博物馆展品又一次颠覆性的创新探索。在未来,通过新技术加持,馆藏数字化、展览特色化、策展个性化、体验直观化、传播多样化将在"互联网+"的发展趋势中成为我们现实生活中的一个组成部分。"我为国宝点赞"则是通过新媒体技术,通过全国交通广播播出机构平台和全国各地省、市博物馆提供的镇馆之宝进行合作的成功案例,穿越时空、穿越年代、穿越国界,把"超链接的博物馆——新公众、新方法"的2018国际博物馆主题淋漓尽致地表现出来,达到了融媒体现象级的爆款产品,突破700万人次的关注,这是一次文博行业与主流媒体行业利用新媒体技术的尝试,具有开创性的现实意义。

（三）文博发展的智慧化方向

融合能够提高产品质量和效率,只有创新才能发展。在智慧文博时代,文博馆应当朝着"智能信息化、管理智能化、平台网络化、体验交互化、传播极致化"这"五化"方向拓展。

1. 平台网络化

"互联网+"时代,"两微一端一网"能够推动文博馆由传统向现代转变、由单向向双向转变、由封闭向开放转变。此外,随着微信小程序的广泛运用,基于微信的文博馆小程序应当引起高度重视,帮艺术爱好者解决逛文博馆的各类问题。近日,腾讯"艺术+"计划还将联手100家博物馆,让用户轻松逛懂博物馆。此外,抖音、映客、花椒等深受广大年轻用户喜欢的短视频、直播软件将作为文博馆扩大影响力的渠道。当然,文博馆在积极进行平台网络化运营宣传的同时,不应忽视与主流媒体的合作,要借助传统媒体的影响力、引导力、传播力和公信力,全面提升文博馆对外的美誉度。

2. 智能信息化

信息资源是一种战略性的资源,是生产力最活跃的因素,是知识经济的根本基础。信息资源的重要性在互联网时代显得尤为重要，谁掌握了信息资源，谁就能使之转化为知识，继而成为财富。运用数字化技术将文博信息智能化，是掌握博物馆发展主动权的重要一步。目前，包括大英博物馆在内的世界知名博物馆均已完成了数字化信息采集和网络化呈现，观众足不出户就能够近距离欣赏知名博物馆馆藏精品。作为文博馆人，要运用数据库的思维对场馆信息、藏品信息、人流信息、展览信息进行编码、组织、分类、存储、检索、更新和维护，确保实现智能信息化。

3. 体验交互化

人们对交互的期待已经产生了重大变化，现在的观众更加注重沉浸式的体验。因此文博馆要积极利用 AR、VR、AI、MR 等先进技术，让馆内的文物或者展览活动"活"起来，充分调动观众的视觉、听觉、触觉感受，给观众沉浸式的享受。比如，中国传媒博物馆内设置的 CCTV 演播室，能够让观众现场体验成为新闻主播的感觉，这一沉浸式的体验不仅增加了观众观展的趣味性，更有效提升了传媒博物馆的互动体验性。

4. 管理智能化

今后，越来越多的先进技术将被链接到文博领域中，因此智慧文博馆所展现的智慧导览、智慧服务和智慧管理，将成为文博馆发展的必然选择。做到智能管理，前提是要有统一的数据采集和记录标准，结合新技术的运用使管理更加科学有效和规范。例如，观众行为分析系统的建立可以全面记录观众参与文博馆活动的各类行为信息，根据观众行为信息为观众提供更好的服务。

5. 传播极致化

2018 年 4 月举办的"微信小程序在博物馆中的应用研讨会"上，浙江省博物馆馆长陈浩表示，"如何利用各类新媒体工具，打破博物馆和观众之间的层层壁垒，以更加开放、平等、包容的姿态，使博物馆成为资源共享者，实现公众、社会、博物馆三者之间的联动，是当今博物馆新媒体工作的核心"。

将传播做到极致，就要善于利用受众喜爱的各种传播媒体渠道，通过创意策划，制造让大众关注的现象级爆款产品，从而提高文博馆的知名度和关注度。2018 年 5 月 18 日，全国 130 余家主流媒体与各地省、市级博物馆携手推出的 H5 新媒体产品"我为国宝点赞"，就为文博馆的传播极致化提供了有价值的经典。其启示文博的发展首先要抓住痛点，了解用户需求；其次要博人眼球，通过新媒体的方式，在线上线下制造热度，并依托特定时间节点打造爆款产品；最后，要让受众在参与互动之后继续引发其讨论，从而达到二次传播乃至多次传播的目的，最终引发全民关注。

如今已经走入智媒时代，创新永远在路上。作为文博领域的一员要倡导一种理念：做同样的事情，要比别人做得更好，做与别人不一样的事。如今，我国文博事业已经上升为国家战略，我们要想好创意，用好技术，做好品牌，讲好故事，让智慧文博焕发出特有魅力，绽放出应有的色彩！

三、文博馆建设中需要考虑的问题

（一）了解观众综合满意度

通过上文的分析，我们可以知道文化博物馆经过长期的发展，其开放程度越来越高。在此趋势下，文博馆也越来越注重公众的认可与支持，因此深入了解观众需求成为文博馆工作的前提条件。

随着时代的变更，文博馆的社会角色正在由单一转为多元。比如以前中国文博馆的开放程度不高，尤论是从藏品展示、开放面积上还是观众数量上都处于较低水平。而现下，在中国文博馆的开放趋势下，文博馆已大规模地进入公众视野，文博馆也越来越注重公众的认可与支持，公众教育被社会各界所重视。因此，文博馆现下越来越注重加强教育公众的知识传播模式。在这一大背景下，文博馆观众研究作为博物馆开放性的组成部分就显得尤为重要。尽管中国文博馆的观众研究已经有多年的发展，一些文博馆也开展了一定的观众研究，但依然停留在数据采集及简单的数据分析上。下面，本书从多方面，以博物馆为例探析观众投入层面上的观众研究、常设展存在的问题及未来改进的方向。

1. 开放性趋势与观众研究

（1）开放性趋势

现下，关于文博馆的开放性问题，学术界还没有一个完整确切的定论，但是回顾文博馆的发展历程，不难发现，中外的文博馆都是在一种社会需求的趋势下，一步步走向开放的，而且这种趋势仍在继续。概括来说，文博馆的收藏，由过去的私人所有变成社会共有；文博馆的发展方向，从以前的文博馆内部研究展示内循环发展为向社会公众展示传递知识；文博馆的观众，从以前的小众化、专业化变为现在的大众化、普及化；文博馆的职能更是由单一的收藏慢慢转变成开放、展示、传播和教育等多种公共性职能。对于文博馆的这种开放性趋势，崔学谙教授认为它应包括以下五个方面。

第一，文博馆的社会化（文博馆的社会化是一个大趋势，作为一个文博馆，要自觉地融入社会，服务于社会，服务于大众。文博馆的社会角色定位就是公益性的文化机构。它的存在和生命力在于社会的容纳和公众的认同）；第二，文博馆业务工作中的开放心态和理念（崔学谙教授认为，对待文物藏品、资料要从过去的各自保密、观赏不易、极难出借，转变为广泛利用文物资源，以共享人类文化遗产的大文化视角来看待馆藏文物）；第三，了解观众定位；第四，适应文博馆的多职能发展趋势；第五，开放管理的运行格局。

（2）观众研究的重要性

在上述文博馆的开放性趋势的五个方面中，有三个方面都与文博馆观众有关，这也从一方面说明了观众研究对于文博馆发展的重要性。在西方，文博馆观众研究已经有一百多年的历史。这一概念在20世纪80年代被引入中国，至今已有30余年的发展。近年来，文博馆学界和业界都开始重视观众研究，一些文博馆相继展开了较为固定的观众调查和研究。个别研究认为，观众是文博馆的服务对象，了解观众、熟悉观众、争取观众、组织观众，为观众服务，满足观众的需求，是文博馆的根本宗旨。2015年的《文博馆条例》也要求文博馆发挥功能，满足公民的精神文化需求，提高公民的思想和科学文化素质。

由此可见，文博馆的教育和服务职能是我国文博馆最为重视的两大职能，要发挥各职能的作用，就必须对观众群体有充分的认识，了解观众需求，根据观众建议提供相应展览，从而达到传递知识、提供文化服务的目的。

根据文化研究和经验主义受众研究的理论推导，文博馆观众对于展览、教育活动等文博馆服务的解读，可能与文博馆业务人员的想象和期望之间存在极大的差异。因此，文博馆在观众研究的基础上，要思考如何将展览做到雅俗共赏，既不失专业性又简洁易懂，满足绝大多数观众获取知识的需求。而雅俗共赏这个"度"的把握，必须建立在深层次的观众研究基础上。比如说明词的写作方法，如何将科学性、专业性的说明变得深入浅出，使不同文化程度的公众都能接受，获得知识，这就需要深入调查研究。观众研究作为一种社会研究，可以让文博馆决策者、公共服务者、展览策划者及活动组织者等不再只根据"权威""传统""常识""传播媒体的舆论导向"及"个人经验"来揣测观众，而是用"更具结构性、组织性及系统性的过程与方法"来了解观众，从而进行策展。

2. 观众投入分析

下面，本书以2014年度首都博物馆观众投入分析为例，进行具体论述。

（1）观众投入层面综述

路米斯（Loomis）将观众研究的若干问题进行分类，提出了"观众研究的三大方面",分别是观众投入方面、参观过程方面、参观结果方面。这三个方面构成了博物馆观众研究的理论基础。

观众投入方面是指观众的参观频率、年龄、社会教育背景等基本资料,兴趣、预期和动机等心理层面的资料,以及观众和潜在观众的分析结果。观众投入程度直接影响观众决定是否花时间再次参观博物馆。

(2)2014年度首都博物馆数据分析

从首都博物馆官方出具的2014年度观众综合满意度调查报告来看,其首先围绕首都博物馆综合服务工作设计了"观众基本信息""综合服务相关问题"和"对综合服务反映的问题及建议"三类22个方面的题目。

分析问卷调查数据得出,从999名参观者的年龄结构来看,31~40岁参观者为主要参观人群,占总人群的23.9%。其次是26~30岁,占比17.3%。19~25岁、41~50岁及18岁以下参观者分别占15.4%、14.7%和13.2%。51~60岁及61岁以上的参观者分别占8.9%和6.5%。

从不同年龄参观者的参观次数分布上来看,51岁以上的参观者多次参观首都博物馆的人数占比最高,51~60岁的参观者两次及以上参观的人数占比为45.5%,61岁及以上年龄的参观者占比高达76.6%。

从数据中可以看出,31~40岁的中年参观者虽为主要参观人群,但是参观频率却远低于51岁以上的中老年人群。这种现象值得深入思考。从参观目的的数据中,可以得出一部分结论,31~40岁和41~50岁中青年群体的第二大需求主要是教育孩子,该年龄段的参观者除了工作外,剩余的精力主要投入家庭教育,因此所选择的也大多是能与家人一同进行且孩子能从中受益的活动。自行获取知识的主动性相对较弱,加之时间不自由等一系列原因,导致参观频率不高。而51岁以上的中老年人群多数已经退休,其参观目的明显更加多元化。一方面他们有时间和精力去主动获取知识,希望了解更多的历史文化,提升自身涵养;另一方面博物馆也是他们文化休闲、丰富日常生活的一大选择。根据数据显示,参观者来首都博物馆参观的主要目的是了解北京历史文化、旅游休闲和教育孩子。文化休闲的占比为25.6%,排在参观目的的第二位。

不难看出,当代博物馆发展到今天,在公众文化休闲方面发挥着重要作用。文化休闲应是博物馆顺应社会公众需求而产生的新的职能。但目前在这个问题上,博物馆学界和业界看法不一致。博物馆在公众日常生活中,的确扮演着文化休闲的角色。至于文化休闲是不是新的职能,则有待博物馆发展实践的证实。

从教育背景来看,拥有大专及本科学历的参观者占比最大,为47.9%;其次是初高中学历，占比 37.3%；硕士学历、小学及以下分别占比 7.0% 和 5.2%；博士学历仅占 2.6%。

从参观者的受教育程度、二次及以上参观者的受教育程度来分析，随着受教育程度的提高，二次及以上参观者的人数占比明显增多，小学及以下学历二次及以上参观人数占该学历人数的比重为 21.7%，初高中（含中专、职高、技校）为 35.8%，大专、本科为 42.1%，硕士为 44.3%，博士及以上为 54.2%。

根据数据分析，可得出受教育程度越高的参观者，参观博物馆次数越多，越喜欢深入了解展览，感兴趣的内容也越广泛，参观博物馆的出发点也越明确，多以获取知识为主要目的。

"对于首都博物馆常设展览喜欢情况"的调查结果显示，"京城旧事·老北京民俗展"是最受参观者欢迎的常设展，占比 49.3%；其次是"古都北京·历史文化展"占比 48.9%；喜好"古代瓷器艺术精品展"和"古代玉器艺术精品展"的参观者占比分别是 43.9% 和 41.4%；而"古代佛像艺术精品展""燕地青铜艺术精品展""馆藏京剧文物展"和"北京古代佛塔文物展"四个常设展，观众喜爱程度仅在 20% 到 25% 之间。

从总体观众喜好来看，一方面，观众更能接受与他们生活比较相关的展览，民俗和北京城历史是观众可以根据自身已有知识深入理解又易于接受的展览知识，因此喜爱程度最高。另一方面，"京城旧事·老北京民俗展""古都北京·历史文化展"这两个展览与观众的参观目的相吻合，数据显示，近 50% 的参观者是为了解北京历史文化而参观首都博物馆的。"古代瓷器艺术精品展"和"古代玉器艺术精品展"则是通过实物展览的直观视觉冲击将观众吸引到博物馆观展，大部分观众希望一睹实物展品的风采而来到博物馆，而瓷器的烧制窑口、工艺，玉器的材质及雕工等专业性知识对于普通观众来说过于高深，不是其观展的主要目的。观众即便是走马观花，也在这两个展览上得到了视觉上的享受。因此，这两个展览颇受欢迎。而"古代佛像艺术精品展""燕地青铜艺术精品展""馆藏京剧文物展"和"北京古代佛塔文物展"这四个展览，在观众原有的知识领域里，对宗教、青铜文化、京剧接触不多，了解不深，很难达到欣赏和共鸣的层次，因此就谈不上喜爱了。佛像较于其他喜爱程度略高，原因是观众能大体根据说明文字调动自身不多的认知来理解及观赏，且佛像造型多样，视觉上不会使观众感到单一和无聊。同样是宗教，观众对佛塔的认知更低，虽然材质不一，但样式基本相同，在视觉上起不到刺激作用，观众的兴致也不会高。

根据调查报告的数据显示，不同年龄段的参观者对以上常设展的偏好不同。

18 岁及以下的参观者对"老北京民俗展""古代玉器艺术精品展"和"燕地青铜艺术精品展"比较感兴趣,这些展览在新奇度和艺术鉴赏方面容易吸引年轻群体的注意力。他们最不感兴趣的是"古代瓷器艺术精品展",瓷器形状基本相同且常见于日常生活,与青铜展相比少了新奇感和距离感,因此 18 岁及以下的参观者最不喜欢瓷器展。19 ~ 25 岁的观众对"老北京民俗展""燕地青铜艺术精品展"和"古都北京·历史文化展"比较感兴趣,这一年龄段的参观者参观目的不单单是以猎奇为主,更增加了了解历史文化的兴趣。26 ~ 30 岁的参观者则相对偏好"古代玉器艺术精品展",因没有实证支撑,作者认为是与现下中国玉器流行趋势及消费市场有关。这一部分有待进一步探究。

31 ~ 50 岁的观众大多感兴趣于"古都北京·历史文化展",这部分群体更注重于对历史文化的了解和学习。51 岁及以上的参观者更偏好"老北京民俗展",这部分群体更喜欢对传统民俗文化的回顾,对传统民俗存在着较为浓厚的怀旧情结。这一年龄段的参观者通过"老北京民俗展"抒发乡愁,寻找童年,追忆青春,这一展览极具代表性地体现出了博物馆教育是一种情感教育。同时,这一年龄段的参观者喜欢"馆藏京剧文物展"的程度是所有年龄段中最低的。

调查数据与常识认知出入很大。在常识中,老年参观者比起其他年龄段的参观者应该对京剧更感兴趣,但事实正好相反。其原因到底是展陈方式不当还是观众定位不当,需要做进一步了解。

3. 问题及未来改进方向探究

在很多博物馆开展的观众评估和研究中,关于性别、受教育程度、年龄、收入等社会人口变量的调查成为其中最主要的内容。但也有学者指出,试图从社会人口变量来预测观众在博物馆的参观行为、学习效益或服务满意度等的做法不足以了解观众的复杂行为,并指出比较有参考性的做法是考察博物馆观众的生活方式,但此类研究目前仍不多见。首都博物馆这份观众满意度调查报告对于研究者了解博物馆参观者的构成、心理、喜好等依然具有积极作用,此数据也可作为推断大部分博物馆观众构成及满意程度的基础数据。

(1)首都博物馆观众满意度调查报告中的不足

在作者看来,首都博物馆 2014 年度观众满意度调查报告存在某些不足。第一个不足是对于调查问卷的问题设置不够细致,导致在报告中探究出现问题的原因时,只能凭借主观常识猜测,这是极为不科学的。在设计调查问卷时,应该考虑预设"喜爱此展览的原因"等选项,以求做到对观众喜好心理的细致把握。第二个不足是此报告的调查数据只着重强调了年龄层与参观者、参观目的之间的关系，忽视了参观者受教育程度与其参观目的、参观频率之间的联系，没有细致的数据对比，博物馆是得不出有效准确的观众情况的，这样博物馆就不能准确地认知观众心理，无法及时对展览的展陈空间、展陈内容、展品说明做出调整。第三个不足是此报告仅使用了一种研究方法：抽样问卷调查法。为了弥补数据分析时一些方面的缺失，还应进行一些采访记录和跟踪调查，使数据和参观者信息更加完善，以便于进一步作出整改方案。

（2）首都博物馆观众满意度调查中常设展览的改进方向

根据"首都博物馆展览内容有待加强项目"的调查结果显示，28.2% 的参与者认为应加强展览内容的吸引力；27.7% 的参与者认为应增加内容的新颖程度；27.% 的参与者认为应增强与观众的互动。这说明，在未来，博物馆方面需要考虑的是如何提升展览内容的吸引力和新颖度，以及如何在展览中增强与观众的互动。在提升内容的吸引力和新颖度方面，作者认为，首先可以考虑改进文物的说明词。对于首都博物馆常设展，如佛塔文物展这样观众认知度不高的展览，说明词应该重点介绍每件文物的特色及珍贵之处。其次可以考虑运用多媒体、高科技的手段展示瓷器、青铜等的制作过程，这样既丰富了内容也具备了新颖度，增强了与观众的互动感，也使展览具有一定的知识普及作用。在作者看来，最为直接有效的方式是加强解说员与参观者的互动，通过解说拉近文物与参观者之间的距离。在展厅中设置一些小问题，让人们在观展过程中主动探寻答案。此外，定期举办一些分享活动、历史专题讲座，专门播放相关展览的音乐或纪录片等都不失为一种增强观众互动的方法。对于"馆藏京剧文物展"，也许可以仿照南京博物院的运行模式，在下午时间安排戏曲爱好者表演或者播放特定曲目，通过这一方法可以吸引老年观众的目光，同时吸引潜在观众（如青年人、曲艺爱好者及外国游客），拓宽受众面，达到弘扬民族文化的目的。

本书所做的研究只是针对首都博物馆在观众观展方面的一个初步研究，在文博馆发展日益专业化、社会化、多元化的今天，文博馆如何吸引观众，仍是学者们需要长期研究的重要方向，需要不断努力提出更好的措施。

（二）提高核心竞争力

文博的建设与发展要想越来越好就必须注重提升自身的核心竞争力，下面，本书以上海博物馆里的大英百物展为例，来对于核心竞争力的问题进行相应的分析。

上博在举办大英百物展中，通过对第 101 件展品的征集来进行公众营销，后续又通过微信文章推送、导览和预约，发行贴近观众喜好的绘本书籍，举办讲座，提供亲子课程、亲子音乐会等活动，增加观众对上博的黏性和忠诚度。上博一直致力于探索一条通过多样载体把文博馆活化，形成以展览和教育为核心的文化综合体路线，将其打造成一个能够让市民享用和利用的公共文化空间。那么，现在文博馆的核心竞争力究竟是什么？如何塑造它的核心竞争力？本书试图通过上博承办的大英博物馆"世界百物展"这个具体案例来分析当代文博馆的核心竞争力——对参观观众人数和质量的重视。

这个展览在国内的第一站是国家博物馆，然后再到上海博物馆。在国博之前，该展览已经在全世界很多地方巡回展出过了。同样的展览，国博在上博之前，所以上博接手的时候心情是很微妙的。原本以为是独家，现在变成国内第二家巡展单位。不过对于这个现实，上海博物馆的工作者是既兴奋又忐忑，兴奋是因为一个展览在两个地方做，有时候反而能够体现出水平的高低，有一点棋逢对手的意思，毕竟国博和上博所处的地位、区域位置、担负的责任、各自的定位，都不太一样，即便同样一个展览也可能会做出不一样的效果。忐忑当然也是怕做得不出彩。

大英博物馆之前在上海做过四次展览，分别是 1999 年的古埃及展，2006 年的亚述展，2008 年的奥林匹克展和 2010 年的古印度展。1999 年的古埃及展非常火爆，因为当时还没有限流，所以参观的人数在两个月里达到了 60 多万，后面几次的合作展览就比较平稳，没有出现特别高的人流量。然而这一次大英展，遇到了非常大的压力，比如对人流量过多的担心，毕竟高温天排长队是大忌，而排队的时长要四到六个小时，因为限流，大英展的展厅里至多每天三千人。排队长、参观火爆说明了社会关注度高。衡量博物馆核心竞争力的首要指标就是社会关注度，普通老百姓会不会花时间来。所以如果要查看博物馆的年报，第一关注的就是博物馆一年究竟有多少参观者，而且这个参观的人数还不是进来随便逛一逛的人数，而是有效的参观人数。如果一个馆的馆藏非常好，也有很强的研究实力，但每年的参观人数很低的话，那一定是遇到问题了，这也是博物馆最大的挑战。

其实中国很多文博馆是不缺参观者的。大家知道，故宫也好，上博也罢，包括绝大多数的省级以上文博馆，不缺参观者。但是这里面也有另外一个问题，究竟是旅游者到此一游，还是休闲娱乐，抑或是带着目标来学习和探索，以个人提升为目标而利用文博馆资源？"来到文博馆的目的"是特别重要的一个因素。在做相关的推广营销活动，推进文博馆教育工作的时候，相关人员实际上是冲着观众来文博馆的这个问题展开的，核心是怎样将文博馆的影响力做大。

调动公众参与是目前很火的一个概念，实质是如何与公众构建更为紧密的关系。大英博物馆用 100 件文物讲述整个人类文明，而第 101 件则留给承展的博物馆去策划和落实。既可以来自于馆藏，也可以是挑一件能反映所在区域、时代特点的物件，跟大英的 100 件配在一起，101 件展品共同组成这个展览。

当时相关设计者的策展思路是，能不能把挑选第 101 件展品的过程变成一个公众事件。这个事情其实启动得很早，社会参与的事情做得很有效，我们在媒体里面有一个很好的反馈，主要是在微信上发出征集的告示，专门做了几条微信推送，把过去几次百物展的第 101 件文物都展示出来，形成了一个网上的小展览，同时把挑选要求说明白讲清楚，最后收到了大量公众提交反馈的很好的方案。老实说，相关设计者在一开始做这个征集的时候，其实没有真的对公众的点子本身寄予太高希望，他们自己是备了方案的。这个征集并不仅仅为了从公众那边要智慧，更多的是展现一种开放的姿态，摆出一个好的形象。但令人欣喜的是，公众提交出来的方案里面，有很多和相关设计者不谋而合的内容。这其中有很多很好的选择，比如 "手机" "网络" "共享单车" "快递" "北斗"，有一度大家都很中意 "北斗"，领导一听 "北斗" 觉得非常恰当，还有 "共享单车"，也觉得非常好，但相关设计者最后还是看中了 "二维码"。他们把大英展里面的所有展品拼了一个大 "二维码"，一本正经地用丝网印刷出来，变成了第 101 件展品。他们还在这第 101 件展品边上放置了一段短视频，说明了在社会生活方方面面之中二维码的应用。这其中也出现了 "手机" "网络" "共享单车" "快递" 等镜头。上博第 101 件文物的选择同国博不一样，摒弃了 "高大上" 的意思。其目标其实是让大家会心一笑，觉得上海还挺 "聪明" 的。这个目的最后应该是达到了的，实际上大家在展厅最后的地方，去扫那个大二维码的时候，是能够扫出东西来的，能够转到这个展览的微信导览，也能够看到刚才所说的那段视频，当然最实际的好处是，还增加了官微的关注人数。

对于上博选 "二维码" 作为第 101 件展品，有的人起初是不太同意的，觉得这个东西好像有点单薄，但是当他们看到那段视频以后，觉得还是挺有意思的。相关人员后来对媒体、跟观众、与方方面面讲选二维码理由的时候，都强调其选择二维码并不只是选择一个作为实体的二维码，而是选择中国快速发展的互联网经济，以及由此带来的巨大的社会变革。最后选它，也不真只是博人一笑，其实是呼应了时代特点和国家意志的。所以从一件展品就可以看出来，怎样跟公众联系，怎样能够讨巧，怎样能够跟功利性的目标连在一起，怎样又能够跟国家的大方向、大政策有一定的应和，这中间还是有很多智慧的。

观众通过扫上博提供的这 101 件展品的大二维码，可以扫出来整个展厅的地图、微信导览，所有公众在这里面都可以免费使用。并且相关人员在整个展览期间都加强了微信的推送，一共推了 50 多篇文章，微信的关注量从 15 万增长到 50 万，这样做是为了增加博物馆的黏合度，构建核心客户群体，这 50 万是非常忠实的粉丝，是上博的核心客户群体。最重要的是，上博如何通过微信，把关注量从十几万提升到近五十万。相关人员在微信公众号这个平台上做了很多努力，除了内容的推送以外，还做了大量功能性的模块。功能性模块之中，最重要的其实是两个，一是刚才提到的展厅里面的免费导览，因为观众要刷二维码，要关注微信，才能听导览；二是预约系统，因为这次展览排队排得很厉害，所以相关人员专门设了一些夜场，夜场是不用排队的，但是必须预约。

很多人其实加微信是为了来预约。这个功能模块也会应用在接下来的很多其他展览当中。

上博的展览都会做单册。因为很多观众都在抱怨，说参观结束后能带回家的东西太少。由此可见，还要有一些免费的东西，这是很重要的，免费的纪念品其实也是宣传和营销推广。参观展览的过程可能就是半个小时、一个小时，但是在半个小时、一个小时之后能带点什么东西回去，能够让参观者对博物馆产生很立体、有温度的印象，很需要动脑筋。上博展览有免费发放的小册子，比手掌大一点的开本，书脊还加上两个耳钉，可以装订起来。网上还有专门卖这个小册子的商店，小册子被炒得价钱挺高的，也变成一个收藏品了。

除了这种小单册以外，还提供图书，这个展览策划了三种书，第一种是面向小朋友的手绘本，通过故事线把 101 件东西穿插到故事里去，专门设置了人物角色，把文物都画在故事里面。为此上博专门组织了一支年轻的绘画团队，在很短的时间里进行创作绘画，画好、出版以后，还利用这些资料做了很多其他的工作。第二和第三种相对而言更学术一些，但也是面向普通读者的教育读物，一本是《文明对比手册》，讲文明的对比方法和实例，还有一本叫《文物的亚洲》，尝试通过四五十件有代表性、有故事的文物把亚洲方方面面的东西呈现出来，去讲一个亚洲的故事。

很多观众咨询为什么没有出一本紧扣大英展本身内容的书，这其中有很复杂的原因。大家知道大英博物馆是一家对版权特别敏感的博物馆，如果要用它的图片，除了这个展览里面能够用到 20 张左右用于免费推广和开发的之外，都要支付数额不低的图片使用版权费，于出版而言，其实是不小的投入。另一方面，大英博物馆对于用它的图片或者文字内容去做的书，在内容审核方面是很严格的，所以很多人也不想纠缠在这个问题上面，这其实也是主动规避困难。这三本书都卖得很好，尤其是绘本，因为它的定位非常明确，就是给小朋友的。这个展览是七月、八月和九月三个月的时间，其中有两个月是暑假，参观者里面有大量儿童和青少年观众，很多家长来的时候，都会买一本绘本给小孩。

除了书本身之外，策划者还利用书做了很多其他的推广活动，比如同上海地铁合作，利用上海地铁专门的 App，在三十几个车站里面做扫码寻宝活动。再比如在上海大概五十所车站，包括一些很重要的车站，像人民广场、徐家汇等中心车站里设置大量的海报，做了密集的宣传。在人民广场站，上博把整个站都包了，这个站每天有一百万人流，就在上海博物馆的下面，所有路过的人都可以看到与展览相关的内容。同时他们还制作了几个绘本的视频，就是希望在各种各样的自媒体和其他的平台上做一个病毒式的营销。而绘本要找一个年轻的画者也是因为时代需要年轻的面孔，这本身就是一种优势，营销要符合营销本身的规律，但一定要把营销的亮点做足。

大英展期间上博也办了许多传统的活动，比如说讲座。但整体数量不是很多，100 天的展览，才举办了 11 场讲座。而平时上博每年有 200 场左右的讲座。同时大英博物馆这个特展系列邀请的都是国内的主讲人，没有邀请国外的主讲人，更没有请更多国外的专家专门来，是因为上博已经有一个"博物馆与世界文明"的系列活动，从古埃及、古希腊、古罗马一直到十八、十九世纪的艺术，每个方向都请一流的博物馆研究员或者是大学教授到上海来讲他们最为擅长的研究课题。除了讲座和论坛，还有出版、活动、课程等许多内容版块。上海博物馆的"博物馆与世界文明"系列也为博物馆未来收藏、研究的拓展拓宽做了很多先期准备。很多人觉得这个系列其实已经把一些很学术性的问题讲到了，所以大英博物馆的特展讲座系列更多的是聚焦展览本身。讲座的上座率非常高，当中还有很多故事，遇到很多安保方面的压力。

这里需要强调的是，不管是博物馆的教育活动也好、宣传推广也好，实际上核心还是研究人员，还是学术圈的支撑，还是过硬的内容，没有这些，是很难有底气的。

博物馆现在到底面临什么样的需求，到底有什么样的机遇？上海、北京，包括很多二三线城市，对于优质文化资源是异常渴求的，关键在于有没有这样的供给，对于博物馆而言这实际上是一个非常好的机会。

另外，文创周边产品也很重要。实际上要提升文博馆的影响力，一靠服务，一靠产品，产品的范畴很广，包括文创，包括刚才提到的书，包括那些大家能够免费拿回去的东西。服务范畴也很广，包括免费的、收费的活动项目，讲座也是，课程也是，通过这些大大小小的项目，能够让文博馆不断在媒体中出现，在公众面前出现。这一点上博跟故宫有点像，上博的核心平台是展览，很多组合拳都是围绕展览来打的。在大英百物展期间，相关人员还研发了 150 多种相关内容的东西，吃、穿、用都有，连咖啡上面的拉花都是大英展里面展品的图案，包括巧克力蛋糕等等。三个月展期，和大英展有关系的东西销售额是 1700 万元，应该也是创纪录的。作者个人认为上海博物馆的核心竞争力是智慧。如果再具体一点的话，就是我们怎么去发现问题，怎么去应对挑战，怎么去把握机遇，怎么去引导趋势。

当然今天可能很难把这个东西展开来讲，实际上我们对于文博馆的未来是有想象的，我们希望能够把文博馆打造成一个新形态的，以展览和教育为核心的文化综合体；希望能够引导一个趋势，即文博馆不仅仅是一个收藏与展示文物、美术作品等的地方，它还能成为市民，成为各方都能享用和利用的，真正意义上的公共文化空间，能够让文博馆变成整个城市的核心竞争力，而不希望出现一个很好的展览门可罗雀的情况。

（三）结合"知沟"理论

1970 年，美国传播学家提奇诺等人在一系列实证研究的基础上，提出了这样一种理论观点："由于社会经济地位高者通常能比社会经济地位低者更快地获取信息，因此，大众媒介传送的信息越多，这两者之间的知识沟也就越有扩大的趋势。"这就是"知沟"理论。

从文博馆的传播过程来看，知识沟现象一直广泛存在，这也造成了目前我国文博馆发展过程中的几个突出问题。

第一，在相同的时间内，文化程度高的人比文化程度低的人会以更快的速度吸取该文博馆传播的文化和知识。从我国文博馆的发展历程来看，在很长一段时间里，人们对文博馆的印象是严肃而刻板的，认为文博馆就是一个学术研究机构，只有学者或文化水平较高的人才能得其门而入。这就造成了我国文博馆观众多是相关领域的学者或文化水平较高的人，这也是造成我国很多非国有文博馆出现资金困难的最大原因，甚至，在我国与文博馆相关的专业都是冷门专业。而这也造成了文博馆教育功能的缺失，让文化程度高的人和文化程度低的人之间的"知识鸿沟"更深。

第二，经济发达地区的人比经济欠发达地区的人从文博馆处受益更多。我国文博馆其实仍未普及，据统计，2016 年，韩国按照 5000 万人口计算，大概每 5900 人拥有一座文博馆；若按照 2016 年日本的人口 1.2 亿来计算的话，在日本大概每 2 万人拥有一座文博馆。但是在中国，按照 2016 年人口基数 13.83 亿来计算，中国每 28.4 万人拥有一座文博馆，甚至在中国很多三、四线城市并没有文博馆。这就使得欠发达国家和欠发达地区的居民从文博馆获取知识的机会，远远少于经济发达的国家和地区。

第三，随着传播技术的发展，所有社会成员使用新的传播手段的机会也不均等，因此出现了"数字鸿沟"。随着科技的发展，多媒体导览、电子触摸屏、数字播放等设备的引入为文博馆提供了新的展陈方式，改变了过去物加说明牌的单一模式，增加了观众的互动性、参与性和体验性。但同时，文博馆在设计传播内容和技术模式时，因为未全面评估观众的理解、接受和使用能力，常造成许多新的"知识鸿沟"，年长者与年轻人之间的差异尤其明显。因此，随着社会的高速发展，科技、经济差距等所带来的"知沟"问题，已经成为当今社会文博馆发展中的重要阻碍，如何减少或解决这类问题，值得所有文博馆人的关注与思考。

可以说，文博馆的传播者是文博馆组织及其工作人员，更是"把关人"；讯息则是"符号"，也是以"物"为中心的文博馆藏品中所蕴含的历史艺术等文化内涵；媒介即文博馆的展览及其他辅助手段，"知沟"影响着受众对于讯息的接受程度；受众即文博馆的观众，反馈即观众留言及通过互联网等方式的互动。从受众出发，通过研究其行为理论探究传播效果，对文博馆的发展方向具有极强的指导意义。

因此，要想提高文博馆的传播能力，应该从上述各个方面共同努力。特别是在我国大力发展文博馆事业，推进文博馆免费开放，努力提升文博馆展示服务水平的新形势下，运用传播学理论，分析文博馆的传播要素构成和传播理论等，并真正将其运用到我国文博馆发展中去，对于更好地发挥文博馆的科学文化传播功能，扩大传播效益，提高为社会发展服务的水平，具有现实意义。

（四）总体路径探析

通过上文的分析，我们也了解到当前文博馆的发展需要从多方面进行注意，下面，本书从总体上分析了文博馆的发展优化路径。

1. 文博馆公共文化服务免费开放

有些文博馆比如美术馆和纪念馆等，没有把追求公共利益作为其价值取向，不重视文博馆"社会性""服务性""非营利"这些基本属性。免费开放后，首先应该要想办法努力构建新型文博馆公共文化服务生态，创新管理模式，如合法调控参观人流、引进社会力量参与管理、畅通观众监督渠道等；其次，应在聚集观众"人气"的过程中实现文博馆公共文化价值；最后要完善文博馆公共文化服务功能，如加强场馆硬件建设、加强规范化服务、提升陈列展示水平等。

2. 努力构建免费开放的机制体系

要进一步加强对免费开放机制的研究，以促使有关部门重视解决免费开放中存在的问题。应保障免费开放资金，建立免费开放资金保障体系，完善资金划拨流程，确保经费稳定、高效运行；适时建立全国性的部门统筹协调机构，协调解决免费开放运行中的难点问题和各种矛盾，确保免费开放顺利进行，优化免费开放发展模式，真正建立和体现以"政府为主导，增加投入，转换机制，增加活力，改善服务"的要求，把文博馆、纪念馆免费开放的优势转化为文化大发展大繁荣的优势；免费开放应与《关于深化文化体制改革的若干意见》《文化产业振兴规划》相衔接，创新免费开放建设和管理模式，使之动态化、特色化；以《全国博物馆评估办法（试行）》来引导免费开放的绩效管理，抓紧抓实文博馆的等级资格的评比，积极调动社会和企事业单位共同参与，树立文博馆的品牌意识。应完善免费开放的监督检查制度，重点对资金使用、质量与安全、陈展更新、服务效果等进行监督检查，定期考核，定期通报奖惩。

3. 增强人才队伍专业化建设

长期以来，由于对文博馆的宗旨、职能和专业特点认识不到位，对文博馆提供文化产品和服务认识不足，文博馆专业人才严重缺乏，提供的文化产品和服务档次不高，与公众的需求有较大距离。因此，文博馆要加强专业人才队伍的建设，要通过培训和引进，逐步改善人力资源结构。制定文博馆专业人员的职业标准，注重文化产品和服务的开发经营。文博馆体制内的保洁、保安、工程等后勤部门应该逐步尝试从体制中剥离，通过购买服务，解决这部分需求。这样的做法，有利于减少人员支出成本，减低管理的复杂程度，使文博馆更加专注于文博馆功能的发挥，把类似物业管理的部分职能交给专业公司承担。

4. 开发独具特色的文化产业

文博馆是精神文化的加工厂，因此要打破"文不经商，仕不理财"的旧观念，以自身宣传陈展的内容，开发群众喜闻乐见的文化产品，最大程度地把文博馆的文化资源转化为社会服务优势。

免费开放后，由于国家政策的支持，文博馆可以不为资金短缺而奔波，不为加强门票管理、防止职业犯罪而操劳。可抽出大量的人力，投入大量的精力进行馆藏资源、展出内容及相关的调查走访、科学研究。科研的成果，编制成书籍、光盘、电视、艺术品等，制作成多视角、全方位的文化产品，奉献给想了解历史、想了解中华民族灿烂文化和艺术的观众。馆藏资源可以开发成多种形式的文化产品，如文物仿制品、图集图录、艺术品、文物出版物等，让观众把文博馆带回家，带到祖国各地，使历史文化传播更广泛、更深入、更持久，有效延展文博馆的教育功能。

5.免费开放的同时注意"安全第一"

建立完善的公共安全体系；制定翔实可行的工作制度和方法，细化具体工作措施及组织方式，对参观路线、接待数量及预约方式等进行规定，妥善处理扩大开放与有效保护的关系，达到合理调控观众流量，避免观众参观中可能出现的安全隐患；免费开放应该坚持凭票进入，门票作为一种调控的手段还是非常必要的。只有坚持"安全第一"原则，才能确保文物安全、观众安全。

第二节　文博馆的科学管理

一、文博馆管理概述

文博馆是一个有着明确文化目标追求的有机体，要保证这个有机体的正常运转，需要相应的管理行为，管理因对象的不同而分为物的管理和人的管理两个方面。就文博馆而言，物的管理是通过办公室、财务部、文物部等部门来实现，而人的管理，也就是通常意义上所指的人事管理，主要是由人力资源部门来承担。

现代文博馆的具体管理模式在很大程度上取决于该馆的规模，每个文博馆都有自己的一套管理体系。一般而言，董事会为最高决策单位，馆长由董事会任命并负责管理具体事务。馆长与董事会共同确立并履行文博馆的使命并确保文博馆对公众负责。董事会及所有成员共同确立该文博馆的基本政策与体系架构，这些标准文件包括机构设置、战略计划、道德规范、章程与展品征集政策等。较大型的文博馆联盟，如美国博物馆联盟（AAM），还会制定出一系列统一规范标准或专业指导意见，以帮助指导文博馆的标准化管理。然而，由于财力的限制导致许多小型的地方文博馆常常缺乏这种专业化的指导，因为它们首先需要获得博物馆联盟的认证，并达到每年不低于一定数额的年度预算。

根据文博馆专业人士的说法，"文博馆管理需要具备多种管理技能，如危机公关、人际关系、预算管理、员工监督与绩效评估等。管理者还必须制定出法律和道德标准，保持与文博馆界的联系并积极参与其组织的业界活动"。所有文博馆员工都应该共同努力实现文博馆的目标，执行董事会制定的政策与规则。以下是文博馆常见的职位列表。

（1）董事会（Board of Trustees）。董事会是文博馆的最高领导，董事会成员集体为文博馆制定标准和政策，负责确保文博馆的财务与管理规则，董事会成员经常参与文博馆的筹款活动并负责重要岗位的人事任免。

（2）馆长（Director）。馆长一般由专业人士担任，是文博馆的全权代表。董事会透过馆长的具体领导，对文博馆进行管理与指导。馆长与各部门员工密切配合，确保文博馆顺利运行。

（3）策展人（Curator）。策展人是展览背后的智力驱动因素。他们研究文博馆的收藏和焦点话题，制定展览主题，并发布针对公众或学术观众的展览信息。较大型的文博馆会有多个策展人分别负责各个不同的领域。

（4）藏品管理员（Collections Management）。藏品管理员主要负责各种与藏品直接接触的实际操作，如移动和存储。他们也同时负责藏品收集过程中的运输等事务。

（5）注册管理员（Registrar）。注册管理员负责所有藏品的文案工作。他们负责藏品的所有技术资料、相关记录、保险及藏品的借出与归还等。与收集相关的法律问题通常也由注册管理部门处理。

（6）教育专员（Educator）。文博馆的教育部门负责文博馆的教育推广。教育专员的职责包括为儿童与成人设计专门的或具有针对性的参观活动、教师培训、课堂开发与拓展继续教育资源、社区巡回展与志愿者的管理等。教育专员不仅对外与公众合作，对内还与其他文博馆工作人员合作进行展览的准备与项目开发。

（7）展览设计师（Exhibit Designer）。展览设计师负责展览的设计与现场布展的实施。他们首先提出概念设计，然后根据各部门的反馈意见逐步对设计方案进行深化与调整，最终在特定的展览空间指导施工团队完成布展。极少数文博馆拥有自己的专职设计师，大部分展览都聘请专业展览设计公司进行设计。

（8）修复技师（Conservator）。修复部专职文物的养护与修复工作。他们不仅要将藏品保持在目前的状态，还担负着如何保持文物状态的稳定性与如何最大程度将文物恢复到早期样貌等课题的研究。

文博馆常见的其他职位还包括：行政办公人员、摄影师、图书管理员、档案管理员、场地管理员、志愿者协调员、安保人员、市场营销人员、会员管理、礼品店经理、公关人员以及美编师等。在较小的文博馆，工作人员经常担任多个角色，必要时也可由承包商执行。

二、人事管理的重点分析

对于文博馆的管理来说，人是最重要的因素，因此本书在这里重点对于人事管理的内容进行具体的分析。

（一）管理制度的制定

人事管理的实施，一般是通过各种数据的收集、核查、统计汇总来实现的，其媒介就是各种形式、不同内容的表格。为实现各种数据收集的目标化、合理化、精确化，人事管理就必须参与各项人事管理规章制度的制定。

规章制度，表面上看，似乎是静止的、固定的、模式化的，但仔细推敲起来，文博馆的规章制度实际上反映出一个文博馆对自身事业发展的期许。

有着不同发展需求的文博馆，存在着不同的规章制度，即便是相似的制度，其内容也因为文博馆发展目标的不同而有所不同。从某个意义上说，文博馆文化个性特征的体现，并非是文物收藏、陈列、宣教和研究，而是这些规定着文物收藏、陈列、宣教和研究运作的各种规章制度。

因此，有着不同文化追求和个性的文博馆，它们的规章制度也各不相同。虽然如此，文博馆规章制度的制定也都遵循了基本的规律，具体是四项要素，即规章制度的目标、权利和义务的规定、监督执行、相应的奖惩。这四项要素内，目标决定了其他三项要素。因此，在制定规章制度前，一定要明确即将制定制度的目标，以免造成目的不明的规章制度的出现，或者目的交叉、重叠或相反的规章制度的出现。

任何规章制度都是用来约束人的行为的，因此，要约束与发挥人的主观能动性的矛盾，必须在制度里明确规定权利和义务，有些条目不能太细化，虽然细化便于管理，但过于细化却会极大地约束人的创造力。

（二）管理的监督与执行

文博馆的管理是通过监督与执行各项规章制度实现的，文博馆管理一般是两种方式同时进行，一是实时性监督与执行，二是总结性监督与执行。无论何种监督与执行，理应坚持以人为本的原则，重在表扬和督促，辅以相应的奖惩的执行。

从表面上看，文博馆的人事管理的对象和目标是人的管理，但透过这一现象，我们可以发现人事管理实质是文化的管理。因为，文博馆内部的人事管理的最终目的是向社会公众展示文博馆自身文化的取向和品味。而文化的基础是人性的完美表达，缺乏人性的文化，不是真正的文化，也是不可能长久的，也不可能为社会大多数人所认可和接受。当然，强调以人为本的原则，并非将规章制度置于摆设的境地。换言之，就是要在监督的层面讲究人性化，在执行的层面则坚持制度的神圣性。无论奖惩，如果到了执行的层面，就必须严格按照规定执行，不能因人而异。这样才能保证管理的有效性，保证文博馆自身文化追求的稳定性和持续性。

实时监督是动态性的，包括考勤、纪律、工作进度监督与执行等。其中工作进度因为涉及部门内部的工作计划，一般由相应的部门自我监督。而考勤的监督虽说是实时性的，但依照目前通用的习惯，都是以"月"为时间单位进行监督。工作纪律是最为实时性的监督，在执行纪律监督的时候，按照相应的规章制度，应该在强调以人为本的前提下，灵活处理员工在工作中出现的纪律问题，如果没有对正在进行中的工作产生重大妨碍的，应以规劝、教育为主。一旦进入执行程序，就应该严格按照规章制度严格执行，不能为任何因素所左右。

总结性监督与执行则往往是以"年"为单位的管理活动，通过自我总结和部门领导总结的方式，进行相应的数据汇总，比照相应的规章制度，从德、能、勤、绩四个方面，提出相应的奖惩意见，由馆领导或者会同职代会等进行讨论，最终决定奖惩的方案。总结性监督与执行牵涉时间长、内容多，是一项细致而繁琐的工作，却又是对员工具有重大影响的工作。因此，进行这项工作必须遵循实事求是原则、立体原则、严格原则，客观公正地进行这一工作。

本书涉及的只是文博馆人事管理工作中的一部分，要做好文博馆人事管理工作，自身的岗位建设和素质提升也是十分重要的。岗位建设要求有完善的规章制度、科学的工作流程、完善的信息交流网络和完整的档案材料，这也就需要从事这一岗位的人员具备良好的政治素质、知识素质、智力素质、心理素质和身体素质，同时，要具有较强的沟通能力与和谐的人际关系。

进入 21 世纪的中国社会，建设中国特色的社会主义文化是每一位文博工作者的历史使命，新的文化目标的建立，对文博馆工作有新的要求。因此，文博馆人事管理对广大文博工作者来说既是传统的领域，又是一个全新的领域，但立足于人事管理这一角度，重新审视文博馆内部的运作，我们应该会有很多新知与领悟。

三、博物馆的发展与管理观念的更新

伴随科学技术的发展，博物馆领域正经历着一场意义深远的革命，博物馆如何通过自身的改革来适应时代发展的需要，适应由经济改革而引起的文化建设的新变化并推进自身的发展，是博物馆管理所必须解决的重大问题。为此，充分分析当前博物馆管理的现实状况，研究国内外管理理论发展的新趋势，吸收科学技术领域的最高发明和人类的共同文明成果，结合我国的具体情况，努力探索具有中国特色的博物馆管理经验，成为博物馆工作者面临的光荣任务。

（一）由行政导向走向市场导向

向公众开放本来就是博物馆的性格要素之一，但是市场经济条件下的博物馆要实现更广泛意义上的开放。因此，要改变行政管理部门长期以来习惯于直接参与博物馆的管理，管得偏死、管得偏多的状况。一个博物馆的优劣应不再取决于上级行政部门对它的评价，而取决于工作的质量和水平，市场是最终的检验机关，观众是最好的检验员，只有适合市场需求的展览、优质的服务、良好的信誉才能获得观众的喜爱，经受住市场的检验。政府主要以经济的、法律的、政策的手段进行宏观管理，使博物馆在较宽松的外部环境中，在法律允许的范围内，在市场需求的导向下，开展各项益于社会的活动，并逐渐达到自主运营、自我约束、自我发展的博物馆管理水平。

（二）由重视分工走向重视合作

博物馆实行行政领导聘任制和目标责任承包制以后，变集中统一管理为分工负责管理，在一定程度上带来了博物馆管理的进步，聘任带来了责任，承包带来了效益。但是，博物馆管理工作的改革要着眼于整个博物馆事业，要着眼于提高博物馆的整体素质、增强整个博物馆事业的活力，而不是着眼于搞好现有的某一个博物馆，不能因实行聘任承包而把人们的视野局限在一个狭窄的范围内，忘记了全局的整体目标和利益，产生本位主义，甚至出现扯皮和内耗，应强调在适当分工的基础上，为了达成全局目标进行主动的合作，丰富和扩大每个博物馆的发展空间。要敢于重点扶植一批优秀的博物馆，要特别强调投入应向发展潜力大、优势多的博物馆倾斜，这是一条重要的管理原则。

（三）由追求单一效益走向实现综合效益

衡量博物馆工作优劣的首要标准，是看它所取得的社会效益，但是，经济效益对于一个博物馆来说也比任何时候都更加重要，因为它是博物馆进行各项工作的基础。博物馆不可能是纯粹的福利性设施,一方面,要有效地利用政府提供的有限资金;另一方面,要在多种经济成分并存的社会里,以自身的实力与其他经济实体发生关系。没有活力的博物馆,要想有一个充裕的生存空间几乎是不可能的,建立主动适应市场经济的博物馆的办馆机制,增强自身的内在活力,积极开展市场经营,以经营创收弥补事业费的不足,形成自身运营的良性循环,对于在新形势下推动博物馆事业是不可缺少的。因此,博物馆要充分利用自身的人才资源、文物资源、知识信息资源、智力资源以及设备、设施资源,为博物馆的进一步发展服务。

第三节 文博馆的文化责任

一、文博馆应成为"城市的客厅"

如果说,要让文博馆成为"城市的客厅",那么,就应该使广大民众能够充分利用"城市的客厅",享受到应该获得的文化氛围,接受文明的洗礼。当公众能够自由进出文博馆,把文博馆当作自己的文博馆,当作生活中不可缺少的部分,当作向外地客人展示精神家园的地方时,文博馆就成为所有市民引以为豪的自己"城市的客厅"。比如首尔历史文博馆(图 1-3-1)从 2003 年开始,将开馆时间延长到晚上 10 时,这项举措贯彻了"首尔特别市建立健康夜文化生活"的政策,而且文博馆承担了重要作用。又如维也纳文博馆中心(图 1-3-2)由占地约 6 万平方米的昔日奥地利皇家马厩改建而来,随着奥地利现代艺术文博馆、维也纳利奥波德绘画文博馆等几十家不同规模的艺术机构在附近安家落户,该地区成为世界著名的文化聚集区之一。

图 1-3-1　首尔历史文博馆

图 1-3-2　维也纳文博馆中心

21 世纪，在当代社会生活中，文博馆是新的城市文化中心，是公众交往的重要场所，更是对外交流的舞台。把文博馆比喻为"城市的客厅"，是对文博馆功能的一种阐释，能否真正发挥作用，关键在于公众能否参与，在于能否建立和完善文博馆公众参与的机制并在制度上给予充分的保障。

二、文博馆应成为"文明的窗口"

如果说，要让文博馆成为"文明的窗口"，那么，就应该使广大民众参观文博馆的过程成为开阔文化视野、增长科学知识、接受传统教育和享受知识熏陶的过程，同时也是提升文明素质的过程。文博馆是人类历史发展的见证，代表着一种独特的艺术成就和独特的自然风情，因而是在更高层面展示人类文明。文博馆应根据公众的多样性需求，在增强吸引力、寓教于乐等服务功能上下功夫，从而使文博馆的教育功能充分展现。文博馆是城市"文明的窗口"，是建设文化城市的重要资源，文博馆作用的发挥，就是城市文化的弘扬。将文博馆作为"文明的窗口"，其目的在于增强文化在国家生活中的地位与作用，使文博馆更加融入社会，更加贴近民众、贴近生活、贴近实际，提高文博馆的社会贡献率。比如圣彼得堡将文博馆建设作为城市发展的重要战略，文博馆在社会生活中占有重要地位。比如，日本的奈良国衣博物馆，如图 1-3-3 所示。

图 1-3-3　日本奈良国衣博物馆

三、文博馆应成为"文化的绿洲"

如果说，要让文博馆成为"文化的绿洲"，那么，就应该使广大民众在文博馆中尽情分享文化资源、感受文化氛围。在现代城市建设、发展过程中，文博馆兼具展示传统文化内涵和引领未来城市文化的双重属性，随着现代城市文化的发展，文博馆成为城市公共设施的重要组成部分。今天，许多城市围绕文博馆形成了一个或者多个文化中心，在高楼林立的现代化都市中，形成一片片"文化的绿洲"。每个城市的传统文化能保留到今天，都经历了历史的风雨和时间的洗礼，沉淀为一座城市的灵魂，比如美国华盛顿国家建筑博物馆（图 1-3-4）。文化认同是指广大民众接受城市文化理念而产生的归属感。如同生物多样性维持着生物平衡和生命延续，文化多样性则维系着人类的文明赓续绵延。

图 1-3-4 美国华盛顿国家建筑博物馆

文博馆根据独特的性质、任务，利用直观、形象、感染力强等特点，向市民传播自然、历史、考古、艺术、科学和综合人文信息，是人们获取科学知识、提高文化修养的重要场所，在丰富市民文化生活的同时，发挥着教育、激励、凝聚、娱乐、审美等多种作用，在潜移默化中陶冶市民的情操，并为市民进行科学研究和艺术创作提供丰富的数据及珍贵的资料。由此，文博馆成为培养社会道德最理想的人文环境，对于增强人们对自己家乡、祖国的认知和热爱、眷念之情，激发观众更多的社会责任感和使命感等具有重要作用。

比如南通是近代史上中国人最早自主建设和全面经营的城市典范，其起始之早、功能之全、理念之新、实践意义之强，堪称"中国近代第一城""中国近代第一城"命题的提出，为南通在历史与现实的对接中继往开来、再创辉煌找到了重要的动力。近年来，作为我国文博馆事业的发祥地，南通动员社会各方面力量，特别是鼓励企业、民间投资兴办文博馆，建成了以南通文博苑为龙头的环濠河文博馆群。目前，南通全市共有女工传习所、纺织博物馆（图1-3-5）、给水博物馆、蓝印花布艺术馆、建筑博物馆、珠算博物馆（图1-3-6）、风筝博物馆（图1-3-7）、民间艺术馆、长寿博物馆等各类文博馆23座，其中市区内有17座，即平均不到5万人就拥有1座文博馆，这一指标达到了发达国家水平，南通因此被誉为"文博馆城"。其他地方还有浙江杭州中国茶叶博物馆（图1-3-8）等等。

图 1-3-5　纺织博物馆

图 1-3-6　珠算博物馆

图 1-3-7　风筝博物馆

图 1-3-8　浙江杭州中国茶叶博物馆

现代社会的城市文明程度不是以这个城市有多少商店、多少宾馆、多少高楼大厦来衡量的，而是以这个城市拥有的博物馆、图书馆、美术馆的规模和数量来衡量的。

四、文博馆应成为"精神的家园"

如果说，要让文博馆成为"精神的家园"，那么，就应该使广大民众在文博馆中不仅能感受到视觉的愉悦和知识的满足，更多的应是精神的归属和心灵的净化。文化是城市的灵魂，更是人们精神世界的写照和依托。社会、政治和文化思潮的变迁越来越深刻地影响着城市的兴衰，一个精神失落的城市必定是失效的城市，而一个繁荣的城市必定有着积极活跃的民风和秩序。一个没有文化的城市常常让人质疑它的品位。贫穷的城市难以和谐，但在一些经济发达国家，也存在严重的因为精神空虚而出现的社会问题。

实践证明，解决上述问题的重要途径，就是给自身传统文化、地域文化以更多的关注，给先进文化、有益文化以更好的环境，给落后文化、腐朽文化以更加有效的抵制。文博馆在这方面具有不可替代的作用，具有不可推卸的责任，也具有不可低估的能力。人类自己创造的文博馆文化，应该成为安抚自己心灵的精神家园。文博馆健康文化的弘扬，必然潜移默化地影响一代又一代的民众。因此，应将文博馆建设成为充满人文关怀与和谐氛围的"精神的家园"，成为城市文化创造的内在动力。

一个城市现代化的标志不是高档汽车呈现的豪华，不是灯红酒绿下的喧嚣，而是文化氛围和文化气息。世界上一些著名城市如北京、巴黎、伦敦、柏林、圣彼得堡等，都拥有鲜明的文化氛围和强势的文化气息，无处不体现出博大精深的城市文明。比如美国世贸大厦遗址，由此建成世贸中心纪念馆（图1-3-9）。2010年春节期间，北京市组织推出"文博馆里过大年"活动（图1-3-10），汇集了北京地区50余座博物馆的百余项丰富多彩、形式多样的系列活动。

图1-3-9　世贸中心纪念馆

图 1-3-10　北京 "文博馆里过大年" 活动

五、文博馆应成为 "知识的殿堂"

如果说，要让文博馆成为 "知识的殿堂"，那么，就应该使广大民众能够经常走进 "知识的殿堂"，享受应该获得的文化权益，接受文明的熏陶。"文博馆是高雅的文化殿堂，此话不错。想当年，法国的卢浮宫，中国的故宫，收藏了许多宝物，只供皇室和达官贵人欣赏把玩。这 '高雅的殿堂' 便成了贵族的专利，百姓不得问津。法国大革命后，中国辛亥革命后，这两座宫殿作为文博馆向社会开放了，打破了贵族的垄断，是一大进步！虽然这种开放是不彻底的，还有很多的限制，但毕竟是朝着正确的平民化方向前进。"作为收藏人类文化的殿堂，文博馆在社会发展的进程中，从某种意义上说，具有文化坐标的性质：文博馆以其深厚的人文积淀，以其无可比拟的文化象征优势，赋予城市精神的灵性和文化的气韵，潜移默化地培育着城市的形象。决定城市形象、城市地位以及城市生活质量的因素并不是由所谓的 "标志性工程" "政绩工程" 来展现，而是对地方文化的认同感与回归感，是广大民众的精神状态、文化信仰和生活信念。当代文博馆的建设不仅仅是一个建筑过程也是一个文化过程，一个社会过程，对于经济、政治、文化和社会进步具有巨大的推动作用，文博馆早已超越了其传统意义，它们应该成为城市复兴的高地。比如，中国台湾台中自然科学文博馆，如图 1-3-11 所示；俄罗斯二战胜利纪念馆，如图 1-3-12 所示。

图 1-3-11 中国台湾台中自然科学文博馆

图 1-3-12 俄罗斯二战胜利纪念馆

文博馆被誉为"一本打开了的关于人的本质力量的书"。文化，是指人类精神生产的能力和产品，具有认知、教化、审美、娱乐、交流、传承、塑造等功能，对于陶冶人的情操、提高人的素质、实现人的全面发展，具有不可替代的重要作用。文博馆已经以其巨大的文化力量，联系着社会生活的方方面面，成为惠及广大民众文化生活的"知识的殿堂"。

第二章　新时期地方文博馆建设与创新

本章对于新时期地方文博馆建设与创新进行了分析，主要包括"新时期地方文博馆的功能""新时期地方文博馆的建设要素""新时期地方文博馆的建设创新"几方面内容。

第一节　新时期地方文博馆的功能

近年来，我国文博馆出现了良好的发展势头，在数量迅速增加的同时，部分文博馆的规模和质量也在逐渐提升，越发受到社会各界的关注。那么，怎样才能使文博馆在现代社会体系中更好地发挥作用呢？作者认为，文博馆管理者要把文博馆的文化传播和育人功能发挥好，使之成为文博馆的主要属性和基本功能。通过新媒体、网络等手段，宣传文博馆文化，让文博馆藏品文化走出深闺，和民众共享。同时要加强与文博系统、书画界、收藏界等的合作，引进展品，举办临时展览，开展学术活动、艺术互动，传播文博馆文化，发挥文博馆育人功能，使"文博馆真正活起来"，以此推动智慧文博时代文博馆的可持续发展。

一、文化传播

文博馆是展示与弘扬优秀文化的重要场所，是社会公共文化服务体系中的重要组成部分，这就决定了文化传播是文博馆的主要属性和基本功能。

文博馆作为文化体系中特殊的一员，它的受众大多为广大人民群众，因而作为文博馆的管理者应关注这一特点，增强文化自觉、文化自信、文化自强意识，发挥好文化管理新型管理模式，重视自身建设与文化传播的内在联系，自觉地以推动优秀传统文化的传播为己任。

（一）增强文化自觉自信与自强

我国已故著名社会学家费孝通先生于 1997 年在北京大学社会学人类学研究

所开办的第二届社会文化人类学高级研讨班上，首次提出了"文化自觉"这个概念，认为"生活在一定文化中的人对其文化有'自知之明'，并对其发展历程和未来有充分的认识"。他还说："文化自觉是一个艰巨的过程，首先要认识自己的文化，理解所接触到的多种文化，才有条件在这个已经在形成中的多元文化的世界里确立自己的位置，经过自主的适应，和其他文化一起，取长补短，共同建立一个有共同认可的基本秩序和一套多种文化能和平共处、各舒（抒）所长、联手发展的共处原则。"

建设社会主义文化强国需要高度的文化自觉，需要坚韧的文化自信，需要不懈地追求文化自强。党的十七届六中全会通过的《关于深化文化体制改革推动社会主义文化大发展大繁荣若干重大问题的决定》，作出了进一步兴起社会主义文化建设新高潮的战略部署，吹响了加快文化改革发展步伐、实现中华民族文化复兴的进军号角。《决定》首次提出"培养高度的文化自觉和文化自信""建设社会主义文化强国"的宏伟目标。如果说文化自觉是一种意识、责任，那么文化自信就是一种信念、信心。

党的十八大报告首次正式提出"四个自信"，即道路、理论、制度、文化这"四个自信"，习近平总书记在庆祝中国共产党成立95周年大会上的重要讲话中又强调了坚持中国特色社会主义道路自信、理论自信、制度自信、文化自信，而且对文化自信特别加以阐释，指出："文化自信，是更基础、更广泛、更深厚的自信。"

文博馆要清醒地认识到自身的文化特性。文博馆自身的文化属性和长期的实践探索已积累了丰富的经验。对传统文化、红色文化的挖掘、宣传、保护，对精神的塑造，在文化研究、文化创造、文化育人等文化的建设方面已取得了丰硕的成果，已处于全社会文化建设的前列。科学研究、人才培养、社会服务是文博馆的传统职能，与此同时，文博馆要善于拓展功能，吸收世界各国文明之精华，传承中华文化之精髓，创造中华文化特有的品格和气质，成为国家、民族文化的建设者、创造者、传承者，在实现文化强国目标进程中发挥应有的作用。

众所周知，文博馆资源多；馆藏丰厚，门类齐全；专业优势强；理论研究有队伍；文化建设有经验。然而，就现状而言，地方文博馆的管理体制、机制还不够健全，资金不够充足，收藏、研究还有很大的局限，人员编制也不够到位，开放程度还不够高，社会教育服务功能还有待拓展。因而，在当今文化全球化、多元化共存并进的时代，在举国迈进文化强国的进程中，呼唤着地方文博馆文化自觉、文化自信和文化自强意识的觉醒，塑造地方文博馆文化，发挥地方文博馆文化育人、服务社会的文化传播使命，承担起保护和传承中国优秀传统文化的责任，担当起培育文化自觉、增强文化自信、实现文化自强的使命和责任。

（二）探索文博馆文化传播的路径

1. 定位文化

每一座文博馆都有自己独特的定位，传递着文博馆自身的文化。每一所文博馆都有它自身的文化底蕴、精神，文博馆正是传承地方自身文化与精神最适合的场所之一。地方文博馆管理者应该根据定位，多途径做好历史文化、地域文化、藏品自身文化的传播工作。抓住活动契机，做好相关文化传播工作，促使地方文化在不断地丰富、积淀，一代代发扬、传承。所以说，文博馆工作者就要自觉地做好文博馆自身定位文化的传承工作。

2. 传播建筑文化

随着时代的发展、科技的进步、经济的腾飞，文博馆建筑种类、建筑形态与风格呈现多元的特征，功能日趋丰富。同时，文博馆已被作为具有象征意义的元素植入到城市中，成为当代城市空间中重要的标志性建筑，强烈地折射出城市的文化精神。

例如，位于伦敦市中心的罗素广场（Russell Square）旁的大英博物馆（图2-1-1），是世界上历史最悠久、规模最宏伟的综合性文博馆之一。它的建筑华美而壮观，正面耸立着典型的希腊爱尔尼亚式立柱，石柱托起巨大的山墙，正门是高大的柱廊和装饰着浮雕的山墙屋顶，典型的希腊古典建筑式样。大英博物馆建筑是具有深厚文化底蕴又具丰富现代感的建筑，体现了英国文化的发展源流，体现了历史的传承性与人文精神。

图 2-1-1　大英博物馆

又如，由蜚声国际的建筑设计大师贝聿铭设计的苏州文博馆，建筑形式上体现了"中而新，苏而新"的设计理念（图 2-1-2）。用现代几何形亭台楼阁形成空间序列，造成一种室外庭院空间的感觉。黑灰色的石墙屋面和白色粉墙为文博馆主色调，把文博馆建筑与苏州传统的城市机理融合在一起。采用了"不高不大不突出"的和谐适度设计原则，把中国人传统的含蓄心境与周边环境相契合，成为一座既生动体现了苏州传统庭院式园林建筑风格，又具有现代建筑艺术风格的现代化综合性文博馆。

图 2-1-2　苏州文博馆

可以说文博馆的建筑，具有一定的文化内涵，无论是新建的还是改扩建的。这种文化既是一种物质环境文化，同时也是一种依托物质环境所渗透、展示的特殊精神氛围文化。例如，苏州大学文博馆，是在 20 世纪 30 年代所建的原东吴大学时期的司马德体育馆旧址上改扩建的，原建筑本身就是座文物（目前为全国重点文物保护单位建筑群之一）。这座建筑的外墙砖很有特色，可以说是世上独一无二的。兴建之时，由于经费不足，师生们就到姑苏城北的陆墓砖窑厂捡回了一窑烧坏了的砖。虽说始建之初是由于不得已而为之，但经过巧妙的设计，这座外墙砖反而显示出了别样的美丽，凹凸不平的墙面仿佛运动员们健硕的肌肉，与这座原体育馆相得益彰。如今改扩建为文博馆，原建筑修旧如旧作为前展馆，扩建的后展馆在外观色彩、建筑风格上和前展馆基本统一，相得益彰。不仅呈现了建筑本身的文化，也传递了学校的历史文化。

由此我们可以看出，文博馆建筑作为人类文明进步的标志，往往映射着一个国家或地区及其民族特定时期的历史及文化，它也许无法作为一个国家或地区建筑技术水平的衡量标准，但往往是该地区文脉的象征、建筑文化的代言人、城市的地标。这正是当前文博馆建筑发展的文化趋向，值得关注。作为文博馆的管理者以及相关工作者，日常工作中就要善于把这种建筑文化通过一定的途径传播给民众、师生。

3. 丰富藏品文化的传播

（1）通过展陈方式的多样化，传播藏品文化

目前，大多数文博馆以固定陈列为主。且展陈方式也相对单一：主要以展柜、文物、图片加文字的方式来体现；观赏的视觉效果不够生动多彩，与文博馆展陈手段的现代化相比，有一定的差距。因而，在文物、陈列品展示方式的多元化、自动化、现代化方面大有文章可做。可运用高科技灯光、投影、多媒体灯箱、多媒体沙盘、实景模型、多维视频、场景还原、光影音渲染等来展示。一方面增强视觉、直观效果；另一方面可以采用互动的方式，加强与观众间直接的文化互动和交流，从而提升对观众的吸引力，增强展示效果，达到育人的目的。

（2）通过导览方式的现代化、人性化来传播藏品文化

采用人工导览讲解与多媒体技术在导览中的运用相结合的方式，如采用语音导览机，触摸屏导览机，手机扫描二维码获取信息等方式，实施自动、感应、电子的同声翻译等导览方式。在节省人力资源的同时提高观众的兴趣度。人机的互动，可以使观众接收到藏品隐含的文化内涵。

（3）开展数字文博馆的建设，传播藏品文化

以建立完善的藏品数据库，建好文博馆的网站为基础，制作数字文博馆。数字馆的展示方式可分为平面展示、三维虚拟展示两类。对于展厅场景、史料类馆藏，可以以视频方式、真实照片配以文字介绍和语音导览的方式进行展示，其优势是图片清晰，内容详尽。对于少数馆藏珍品，可制作三维模型，放在虚拟的场景中来展示，并且观众可以自主选择欣赏角度进行浏览观看，其优势是可以对藏品进行多角度、全方位的展示。以苏州文博馆为例，对固定陈列、临时陈列，在建有平面数字文博馆的基础上，逐步探索三维数字馆的建设，相继对纸质类、碑刻类、器物类的藏品进行了三维虚拟馆的制作探索。其中器物三维虚拟馆在展厅的设计上依据实际馆舍进行 1 ∶ 1 的仿真建模，对展品采用环绕照相与 3D 建模相结合的方式，实现器物的立体展示，通过互联网呈现给观众。观众可以不受时空限制，远程随时"走进"文博馆，点击虚拟展厅中摆放的展品图像，可以 360 度欣赏所展示的器物。虚拟展厅的创新之处在于将传统的器物静态展示转变为动态展示，解决了实际场馆中只能从单一视角观赏器物的局限性。同时，可以突破时空的阈限，传递文博馆文化，传承地方文化精神，传播世界文明。并且通过数字文博馆还可以实现馆际交流、资源共享。

（4）借助微信平台讲文博馆故事，传播文博馆文化

一些文博馆官方微信公众平台上推出"文博馆记忆"专题栏目，讲文博馆及其藏品的故事。一方面，结合地方史料，从多个角度展示了地方发展沧桑风雨以及一路走来的不易与辉煌；另一方面，结合馆内藏品，以图文并茂的形式，讲藏品背后的故事，传递文博馆文化。"文博馆记忆"专题栏目一经推出，便得到了社会各界的广泛关注，众多微信用户积极留言，热情参与互动。"文博馆记忆"微信专栏是积极探索新形势下文博馆文化传播和育人功能的有效尝试。

4. 举办临时展览

相关工作者可以根据不同主题、不同类型，创办形式多样的展览。一方面发挥工作者专业特长，为其提供展示自己才能的舞台。抓住跟地方有关的重大节日举办科技成果、艺术创作、收藏品展览，给工作者提供展示成就和自身价值的舞台。另一方面，引进馆外展览，丰富展览内容和形式。以某文博馆为例，自开馆以来，已举办各类临时展览近五十多个，平均每年达 8 个左右，从馆内到馆外，从地方文博馆到海外华侨，从私人文博馆到个人收藏家，内容涵盖有陶瓷、玉器、石器、书法、绘画、铜器、摄影、碑刻拓片、日本手工纸、世界风光、古代服饰、大学生科技作品等等。展览灵活多样，丰富多彩，深受员工和观众喜爱。这也很

好地发挥了文博馆传播文化的功能。

5. 开展学术讲座、观众互动等

作为文化阵地、现代教育体系和文博馆事业的重要组成部分的地方文博馆，还可以结合自身特点，开展一些文化活动来达到传播文化的目的。例如，开展学术讲座活动，请专家、国家级非遗传承人讲演，传授陶器、瓷器、书画、昆曲、评弹、园林艺术文化，等等；结合展览，开展书画家笔会、研讨、传授技艺活动；结合展览，开展观众互动、体验活动；开展"'守护文明传承文化'——育人工程系列活动""'口述·记忆'文博馆深度讲解""'我与文博馆'志愿者征文活动"观展览，答题卡，熟地方史，爱地方情"活动等等，传播文博馆文化，发挥育人功能。

6. 开展文化合作共建共享

一是让地方文博馆走进高校，如苏州文博馆、吴江文博馆、苏州碑刻文博馆等先后和苏州大学文博馆合作，举办临时展览，不求所有，但求所用；二是挂牌共建，可以由大中小学校来地方文博馆挂牌，也可以到大中小学校挂牌等等。如苏州大学文博馆，有中小学传统文化教育基地、华侨文化交流基地等。这些合作共建，增进了馆际交流，加强了与海内外书画家、收藏家的友谊，实现了真正意义上的文化共享。同时，文博馆也很好地发挥了社会服务功能。

总之，地方文博馆文化传播途径的探索永无止境。文博馆管理者应紧扣时代脉搏，发挥自身优势，借鉴其他文博馆在文化传播方面好的做法，扬长避短，加强和地方文博单位、文化机构的合作，探索贴近地方实际、贴近群众需求，凸显地方自身文化特色的文化传播途径。真正使文博馆办得"活"起来，塑造文博馆文化，发挥文化育人的功能，服务师生、服务社会，努力把文博馆这个文化阵地打造成地方的文化名片。

二、教育功能

2015 年的《博物馆条例》把"教育"列为博物馆各项功能之首，并明确指出要"利用博物馆资源开展教育教学、社会实践活动"，可见国家对博物馆教育功能的重视。早在 1990 年，美国博物馆协会就将"教育和为公众服务"视为博物馆的中心和要素，从博物馆历史发展阶段来看，当下博物馆比任何时期都重视"教育"问题。身处教育育人之地的地方博物馆自然不例外。如何将教育功能最有效地发挥出来，与高校教育教学相融合，形成一种创新教育，寻找一条提高人才培养质量、普及国民教育新途径的道路是很多地方博物馆关注的热点。

目前，地方文博馆传播知识的形式与传统课堂教育不同这点不言而喻。如今很多地方文博馆实现了数字化建设，具有信息实体虚拟化、信息资源数字化、信息传递网络化、信息利用共享化、信息提供智能化、信息展示多样化等特点。它突破了空间和时间的藩篱，能在任何时间、任何地点上网参观，利用方便。通过对实体博物馆数字资源（包括文字、图像、声音等）进行优化、编辑、提升和创新，利用数字多媒体技术创造出了逼真、形象、生动的展示效果，使提供的知识信息丰富、生动、多彩。而在展览中使用数字博物馆技术，可以让来博物馆参观的人员体验到寓教于乐，在愉悦的参观与互动中受到教育。

总之，地方文博馆与高校教育的有机结合，使其逐渐从高校教育延伸到社会全体的知识普及，具有普遍教育意义，不同年龄、不同教育程度的学习者都可以利用这种创新的模式，激发他们不断增强求知欲望，从而实现地方文博馆广义的育人目的。

（一）博物馆教育和服务功能的观念演进

1989 年 9 月荷兰海牙国际博物馆协会第十六届全体大会明确提出，"博物馆是一个为社会及其发展服务的、非盈利的永久性机构，并向大众开放。它为研究、教育、欣赏之目的征集、保护、研究、传播并展出人类及人类环境的见证物"。与以往众多定义相比，这个定义强调的是文博馆的社会属性，重视的是文博馆与社会的关系，尤其是文博馆服务于社会的功能和使命。文博馆既是青少年教育的有机组成部分，也是成年人终身教育的重要场所。《中国博物馆基础》一书指出，当代博物馆事业的发展，其中很重要的一个方面是博物馆教育观念的更新以及随之而来的教育活动的创新。文博馆教育中传播给观众的知识信息量越来越大，新的科学技术含量越来越多，知识的传播不再是教育者向受教育者的单向传递，而是一个双向交流、互动影响的过程。西方有的文博馆学者认为，文博馆教育的目的并不在"教"，而在帮助观众"学"；有的学者更主张应该用"交流"（communication）一词代替教育，因为"交流"更能反映现代博物馆教育活动的实质。我国文博馆界也有学者认为，文博馆是通过为观众自我学习提供服务而实现教育目的的。

比如说，中国传媒大学传媒博物馆是一座"年轻"的博物馆，其办馆理念也紧跟时代，在部门设置上，把服务和教育功能统一在一个部门，设立"公共服务部"，可以说是对博物馆新观念的一个具体回应，它强调了博物馆为公众自我学习提供服务的定位。公共服务部主要职能是负责日常参观咨询和预约,为团体观众提供讲解,组织面向周边中小学的社会教育实践活动,定期举办学术讲座"中国传媒大讲堂",管理维护博物馆官方网站、官方微信、官方微博等与公共教育和公共服务相关的工作。其中志愿者讲解员承担了大部分团体观众讲解任务,同时他们也参与博物馆其他业务,是博物馆不可或缺的有生力量。

(二)教育功能的发挥

为了加强自身的教育功能,为了能够提供给公众更多的机会接触文博馆藏品与相关内容,文博馆经常会采取"请进来"与"走出去"两种方式进行文博馆教育活动。这里我们将通过两方面对要素"教"进行讨论。

1. "请进来"——挖掘基于文博馆场景内的教学体验

"请进来"同样是基于文博馆提高社会责任与自身价值的使命,通过各种活动形式提供给某些特定人群更优质的体验。"请进来"背后体现的是文博馆这一文化机构的独特魅力。我们可以从不同角度结合集体内容与模式进行分析。

例如,英国国家画廊于1996年启动了"由一幅画展开"项目:每年英国国家画廊的教育工作者从馆藏中选取一幅画作,推动中小学的跨学科教学,甚至会专门举办年度性展览来展示教学成果。2013—2014学年,英国国家画廊与剑桥的菲兹威廉文博馆和剑桥大学教育系开展新的合作关系,开始试验名为"文化实习"的项目。在英国国家画廊,前来实习的实习教师会了解"由一幅画展开"这一项目,并观察文博馆教育工作的日常授课方式,参与互动形式的工作坊。

在文博馆场景中培训的主要目标是帮助实习教师提高提问技巧,尤其是课堂互动能力,给他们机会尝试在文博馆内进行教学并反思。实习教师们在文博馆有更多机会观察馆内教学,设计自己的课堂,并得到来自文博馆专业人士、教育系老师及他们同学的反馈,不断完善教学方法。

"由一幅画展开"这一馆校合作模式,其核心是"建构式文博馆"这一根本理念,让未来的教师能够感受并实践文博馆基于这一理念的教学特点。"建构式文博馆"倡导的是"学习者主动参与,通过周围环境互动来学习"。

2. "走出去"——开拓基于文博馆场景外的教学体验

"走出去"通常表现在将文博馆的藏品、陈列、教育活动等"输送"到其他公共空间,让公众能在文博馆以外的空间体验文博馆文化。比如,将专门为某一年龄段学生设计的"教育包"送进学校;将文博馆策划的展览送到社区展出,等等。例如,美国纽约的大都会艺术文博馆自1870年建馆伊始,即将"教育"视为基本使命。

第一，大都会的教育类型：11～18岁青少年项目、幼儿园到高三教师项目、家庭项目、学校集体项目、残障儿童项目。其中，学校集体项目和家庭项目分馆内、馆外两种。学校集体项目为提供馆外学校的特殊服务的教育项目；家庭项目则为与当地社区联合开发的家庭互动项目。

第二，教育项目手段：11～18岁青少年项目主要为周末或课余时间开展讨论课；幼儿园到高三教师项目为针对所有教师举办的各类型研讨课程；家庭项目是为家庭观众特别策划的诸如参观、专题日、故事会讨论等项目，与当地社区联合开展的馆外的讨论或艺术活动；学校集体项目是组织学校集体观展，教育人员与教师为学生馆外授课，或举办其他集体教育项目；残障儿童项目是专门为残障儿童组织的动手项目或团体项目等。

大都会艺术文博馆承诺以教育为先以及为所有人提供教育的理念定位，推动美国教育部与其他部门共同合作，发挥着高效、先进的教育水平；教育场所的硬件设备，超越文物本身的图书和多媒体资源，保障精彩纷呈的教育项目能以不同方式在不同场所举办，故该馆教育项目基本上可以代表目前一流的文博馆教育水准。

3. 对中国文博馆教育的启示

无论是文博馆教育"请进来"还是"走出去"，联系我国目前的情况，馆校合作多是为了满足学校方面的需求，往往是单次、小范围的活动。

首先，文博馆教育方面的研究应当更为深入，除了目前参照英美国家的一些成功案例外，我们也需要提出适合中国国情的项目，将研究与实践更紧密地结合起来，多培养专门负责与学校洽谈合作、沟通联络、开展教育活动的专业人士。

其次，在目前的文博馆运营机制的基础上，教师培训是扩大文博馆持续影响的有效途径之一。文博馆可以吸纳国际化、跨学科的人才，结合大中小学的教学内容，从更新颖、更综合性的角度切入，通过教师将文博馆的教育资源优势更好地发挥。

最后，文博馆教育最根本的启示涉及了教育理念的突破。"建构式文博馆"的根本意义在于强调教学中的"学生本位"，而以经典画作作为切入点的跨学科角度也打破了狭义的艺术教育的壁垒。这对于我国当下的创新教育改革具有深刻的借鉴意义。

第二节　新时期地方文博馆的建设要素

地方文博馆的建设是一个较为复杂的问题，需要从多方面出发来对于其进行更好的探究，首先在物质层面，文博馆在建设的时候就需要考虑建设定位、建设投资、建筑维护等方面的问题。

一、地方性博物馆建设总体思考

关于地方性博物馆的概念，宋婷婷在其硕士论文中界定为"我国的地市、县级中小博物馆"。关于"地方性"的含义，她认为"地方博物馆的创建者和主办方不是中央政府，而是各省、市、区、县"。尽管一些文章中的地方博物馆不包括省馆，但地方是相对于中央而言，省级、市级、县级博物馆均属于地方博物馆。地方博物馆的类型很多，本文只对地方博物馆的代表：省级综合博物馆、市级综合博物馆、县级综合博物馆进行讨论。省级综合博物馆应争创国际一流，市级综合博物馆应建成城市文化中心之一。地方性博物馆建设的一个重要方向是加快县志型博物馆建设，这是平衡城乡博物馆资源的关键。

（一）省级综合博物馆应争创国际一流

中国各省的平均人口、面积相当于一个中小国家，省馆建设要高起点，争创国际一流。现实中，绝大部分省份在财政等方面给予省馆很大的支持。建设国际一流省馆，首先要在硬件方面具备较强的接待能力。各省省馆建设的现状是：建成时间较晚的省馆接待能力较强，场馆硬件设施较为完备。建成时间较早的省馆，接待能力有限，场馆硬件设施陈旧。例如，陕西历史博物馆，1983 年开始筹建，1991 年 6 月 20 日落成开放，是中国第一座大型现代化国家级博物馆。如今，许多省份新建省馆后来居上，陕西历史博物馆显得落后了。今天的陕西历史博物馆展厅面积相对狭小，难以满足国内外观众的基本参观需求。观众要参观陕西历史博物馆，排队往往长达二三十米。对观众而言，不但耗费的时间成本巨大，对其精神更是巨大的煎熬。慑于长长的领票队形，许多观众对陕历博望而却步。因此，陕西省应将陕历博的扩建项目提上日程，应为陕历博选择新的馆址，不必担心陕历博离开城市核心区会导致观众量锐减。中国经济发展很快，各城市核心区都在不断扩展。20 世纪后期建设陕历博时，当时的位置也稍偏，现在却成了核心区。建设新的陕历博要有超前眼光，陕历博建筑外观、建筑面积、建筑功能均要争创国际一流，确保 50 年内不再扩建。一些场馆设施落后的省馆，也应有这样的扩建计划。

（二）地市级综合博物馆加强资源整合

地市级综合博物馆尽可能将博物馆与古建筑、古遗址等景点结合，增加博物馆的吸引力。发达地区除外，一般的地级市经济发展水平不高，知名度不高，市级综合博物馆建设对于提升该市文化软实力有着重大的价值。市级综合博物馆馆址尽量与该市其他文物旅游资源结合，提升博物馆的综合影响力和亮点，实现一加一大于二的综合效益。例如，陕西省宝鸡市青铜器博物馆，坐落于石鼓山上，与石鼓阁结为一体，山上风景秀丽，视野开阔，停车空间较大，参观宝鸡青铜器博物馆，顺带可以登石鼓阁，俯瞰全市，是宝鸡市的热点旅游目的地。2018年五一小长假期间，宝鸡青铜器博物馆接待观众3.7万人次。又如陕西韩城市博物馆，韩城市只是一个县级市，但韩城市博物馆囊括文庙、东营庙、城隍庙等古建，对观众的吸引力倍增。

（三）加快县志型博物馆建设

加快县志型博物馆建设，平衡城乡博物馆资源，也是十分重要的。省会城市的市级综合博物馆，影响力逊于省馆，但远高于一般的地级市，全国各地级市基本都有综合博物馆。地方博物馆建设的一个重要方向应是县志型博物馆，因为全国大部分县的县志型博物馆依然空白。作者首次提出县志型博物馆概念，即反映本县历史沿革、出土文物及民俗风情的博物馆。近年来，中国博物馆建设速度很快，但是城乡博物馆资源差距却在不断拉大，因为每年新增的博物馆，主要集中在大城市，特别是省会城市。县城是该县农村居民商贸集散中心，县域总体上可以算是农村地区。城乡博物馆资源的界限可以县域为界，县域内的博物馆资源属于乡村，县级市及其以上的博物馆资源属于城市。

依据2016年8月29日国家文物局发布的《关于印发2015年度全国博物馆名录的通知》所附2015年度全国博物馆名录，该年度全国备案博物馆4692家。作者将各省县志型博物馆的数量予以摘录列表，以县志型博物馆占该省建制县的百分比进行排名（见表2-2-1）。

表 2-2-1 各县志型博物馆统计表

省、区	县志型博物馆总数	该省建制县、旗总数	百分比 / %	排名
福建	40	44	90.9	1
甘肃	52	65	80	2
广东	31	39	79.5	3
湖北	29	39	74.4	4
江西	46	70	65.8	5
江苏	13	20	65	6
吉林	12	19	63.2	7
新疆	41	68	60.3	8
海南	6	10	60	9
安徽	31	56	55.4	10
山东	28	57	49.1	11
广西	28	67	41.8	12
陕西	32	77	41.6	13
黑龙江	18	46	39.1	14
浙江	13	34	38.2	15
山西	32	85	37.6	16
内蒙古	24	69	34.8	17
辽宁	7	25	28	18
河南	28	85	32.9	19
重庆	3	12	25	20
湖南	17	71	23.9	21
宁夏	2	11	18.2	22
云南	19	108	17.6	23
青海	5	36	13.9	24
四川	13	121	10.7	25
河北	10	102	9.8	26

续表

省、区	县志型博物馆总数	该省建制县、旗总数	百分比／%	排名
贵州	2	67	3	27
西藏	0	71	0	28
总计	581	1574	36.9	

北京市、上海市、天津市由于没有县的建制，不列入此表。这三个直辖市面积特别小，即便有县的建制，其县志型博物馆的数量和百分比也没有实际意义。中国大陆北京、天津、上海三个直辖市外，其余 28 个省、自治区、直辖市共有县志型博物馆总数 582 家，占建制县总数 36.9%。也就是说，截至 2015 年年底，中国大部分的建制县没有建立县志型博物馆。这对近年中国博物馆事业蓬勃发展的势头来说，是一种莫大的讽刺。在有县志型博物馆的建制县中，陕西 13 家没有免费，广西 5 家没有免费，四川 3 家没有免费，湖南 2 家没有免费。集中在大中城市的所有综合类博物馆均免费开放，市民得以充分享受。农村博物馆资源本就非常稀缺，农村居民人均收入远远低于城市居民，反倒是农村地区的一些县志型博物馆依然没有免费，这使得城乡居民实际享受的博物馆资源差距更大。

据此可以清晰地看出，中国县志型博物馆建设极其薄弱只有一个原因：相应省、自治区政府和文化领导机构不重视。经济落后的甘肃省，在其 65 个县中，有 52 个县建有县志型博物馆，县志型博物馆占该省县总数的 80%，高居全国第二。福建的经济并不在全国第一梯队，但县志型博物馆建设位居全国第一，新疆的排名也比较靠前。福建省、甘肃省的县志型博物馆，100% 全部免费开放。论经济发展水平，甘肃省全国倒数，但县志性博物馆建设却能走在全国前列，甘肃、福建主管文化建设的相关领导功不可没。近几年来，中国博物馆数量增加很快，但增量中的相当一部分是民营博物馆，规模小，集中在大城市，大多不免费。另一类是名人纪念馆等专题性博物馆，规模均比较小。这些都是短、平、快的博物馆建设，数量上很快能够见效，但覆盖面很小，社会服务功能较弱。与其将博物馆数量扩张的工作重心放在这些短平快的小专题性博物馆上，不如脚踏实地建设县志型综合博物馆。

二、建筑物要素建设方面

（一）明确核心定位和功能需求

　　文博馆核心定位的确定是文博馆建设和发展基础。对任何文博馆而言，其基本定位肯定具有共性，即不以营利为目的，是具有展览、收藏、研究、公共教育和公共服务职能，向公众开放的公共文化设施。然而，每一座独立的文博馆首先必须将上述普遍性定位与自身特定的情况相结合，即要考虑文博馆的性质、服务对象及所拥有的资源。然后，通过分析自身优势、劣势及外部发展机遇和挑战等因素，确定其核心定位。只有合理准确地确定了核心定位，才能使文博馆的生存和发展具有清晰的方向。例如，国家级美术馆和省市县级的美术馆在核心定位上就存在很大的差异。国家级的美术馆旨在从国家层面、运用全球化的语言与视野对国家文化进行梳理、研究和推广，构建起国家级美术展览和收藏的形象和风格，成为一个国家的文化坐标。而存在于各省、市、县的地方各级国有美术馆则应立足当地文化历史语境，认清自身资源，对地方文化资源进行深入挖掘，承担区域性文化艺术的系统保护、宣传、推广和发展的重任，力求在某一方面形成鲜明突出的特色。

　　以美术馆来说，我国是一个幅员辽阔的多民族国家，不同地域有着自身鲜明而丰富的文化特色和文化产物，美术无疑是文化产物中特别重要的部分，它与文学、音乐、历史一起构成了地域文化的丰富内涵。地域性的文化内涵和特征对地方各级国有美术馆的定位和发展具有重要影响。美术馆是根植于这些文化并从中生发出来的，地方各级国有美术馆不仅是地域视觉艺术传统和资源的最直观的物质化体现，更须与时俱进地展示和推广当地艺术家的艺术创作和视觉艺术发展的现状。另外，地方各级国有美术馆在确定其核心定位时也需考虑是否与其城市发展相适应，是否与其市民的文化需求相吻合，是否能树立起文化品牌等问题。而国有美术馆核心定位旨在宏观方向上明确美术馆的社会定位和学术定位对国有美术馆事业的展望，要基于美术馆的多种资源进行分析、研究和评估，针对美术馆的展陈体系和收藏体系进行具体而系统的学术规划，编纂构架出展览框架和收藏系统，在此基础上进一步明确美术馆的功能需求。

　　美术馆的建筑规模和造型应当服从其核心定位，空间的形态和布局则取决于对美术馆功能需求的准确理解。进入 21 世纪以来，随着国家对公共文化事业发展扶持力度的增大，全国各地掀起了一股建设美术馆的热潮，美术馆作为公共文化体系的重要组成部分，如果在建设初期未能构建起自身的核心定位和功能需求，将会造成国家资源和地方资源的浪费。

（二）组建建设管理团队

文博馆建设是一项专业性和实践性非常强的工作，它所呈现出的技术性、广泛性、复杂性等特点，对文博馆的建设管理团队提出了很高的要求。文博馆建设管理团队的组建是成功修建美术馆的基础，明确工作人员配置的要求和工作方式是项目开始的关键。

以美术馆为例，美术馆的建设首先应由当地政府相关部门成立领导小组和工程筹建办公室。领导小组负责工程重大事项（建设标准，使用功能，设计方案，展陈、展项设计方案，建设成本，建设进度，工程质量）的审批、决策，把握工程建设方向，指导建设单位决策与监督工作进程。工程筹建办公室负责工程重要事项的审批决策并向领导小组汇报；负责对工程重大事项提出初步审核意见并向领导小组请示；负责领导小组指示的传达、执行、落实；负责对建筑的设计方、项目管理部门的工作进行检查、监督、指导并及时给予指示和批复。工程筹建办公室的人员配置应根据美术馆建设工程全寿命周期内各阶段的主要工作内容和主要参与部门，设置相关岗位和配置相关人员。国有美术馆项目筹建办公室的工作团队一般分为两种类型：一是项目管理团队；二是项目顾问团队。

1. 项目管理团队

项目管理团队必须是一支稳定的、拥有实战经验、协调能力强、具备较高敬业精神和团队协作精神的工作团队，他们会贯穿文博馆建设的全过程。以美术馆为例，主要包括：

（1）项目总负责人，他是美术馆建设管理的第一负责人，负责带领整个建设管理团队，并负责与政府相关部门、咨询单位、设计单位、施工单位、监理单位等进行沟通协调。作为建设管理团队的核心人员，项目总负责人原则上需要从美术馆规划立项开始即负责项目建设，并在建设过程中始终做好建设管理工作，一直到项目结束，以保证在项目实施过程中不会由于其他人员的更换而导致项目建设出现混乱。此外，为保证项目建成后的使用效果，项目总负责人除了需要掌握工程建设程序及相关规定外，还需要了解美术馆建筑特点，熟悉美术馆工作流程，即要具有一定的美术馆管理经验。

（2）专业设计人员，其中涉及建筑设计、水电暖通等工程技术方面。他们主要在设计单位和美术馆各使用部门之间起到桥梁与纽带的作用，充分保证图纸与使用需求的一致性。专业技术人员除了应了解相关工程建设标准和设计规范外，还应熟悉美术馆建筑的使用特点、美术馆工作的流程以及运营管理模式，具有良好的协调沟通能力。

（3）熟悉政策、政府部门工作流程的立项报建人员。立项报建是项目开展实施的前期条件，美术馆立项报建人员要根据主管部门要求和基本建设程序，提交项目建议书、可行性研究报告、初步设计和投资概算等相关报批文件，以取得相应的批复文件，并按照相关法律法规办理土地、规划、施工许可等相关手续。作为做好前期基础工作的管理人员，他们需要掌握基本建设程序要求，熟悉政府部门工作流程，了解相关手续办理的前置条件，并具有敏锐的政策解析能力，按照各个阶段手续办理的要求，合理安排手续办理计划，主动出击，超前、紧密地完成各项报建工作。

（4）招投标、合同管理人员。招投标是选择工程建设合作方的重要手段，通过招投标能选择符合要求、执行力强的合作单位，选到资质高、信誉好的合作单位是保证项目顺利实施的基础。合理、规范的工程合同有利于分摊合作双方的责任风险，有利于有序、平等竞争。招投标、合同管理人员需要具备招投标与合同相关的法律事务的处理能力，具有良好的职业道德和复合型、多学科专业知识，及掌握和应用现代信息管理知识的能力。

（5）熟悉美术馆建筑特点的现场管理人员。现场管理人员是与施工单位、监理单位直接接触的业主方代表，是保证项目进度、质量、安全等目标实现的关键力量。现场管理人员一方面需要具备现场管理经验，协调设计、监理、施工等相关单位，开展现场管理工作；另一方面需要熟悉美术馆建筑特点和专业流程，在现场管理过程中能够及时发现设计方案中不符合美术馆建筑的空间布局和工艺流程设计，筛选不合理的设计变更，及时与设计、施工单位沟通，与监理单位共同监督管理施工单位按设计图纸和相关工程标准规范施工，保证项目顺利完工。

（6）财务、纪检人员。配置与建设管理工作相适应的财务人员，对于做好成本控制也是十分必要的。此外在新时期下，为加强廉政风险防控，可引入美术馆纪委、监察等相关部门参与建设管理。

2. 项目顾问团队

项目顾问团队涉及展览、收藏、公共教育等部门的工作人员，他们负责提供美术馆的功能需求、美术馆的服务对象、美术馆拥有的展品和藏品资源等专业问题的咨询。

目前，我国的地方美术馆建设项目一般会采取代建制的项目管理模式，这是各级政府大力倡导的新型基建项目管理模式。代建制管理模式，顾名思义，就是代理建设制度，即由美术馆的业主单位通过委托或招标等方式，选择专业的项目管理单位负责项目投资管理和建设实施工作，在项目建成后交付给业主单位。美术馆团队在建设过程中虽不再直接参与项目管理，只是协助和监督代建单位代行项目建设的投资主体职责，但美术馆的建设仍然需要组建专业的项目管理团队，尽可能地全程参与，尤其是在美术馆功能设计、专业设备设施选择等方面，应提出指导性的意见和建议。

美术馆建设是一个复杂的系统工程。在建设过程中，首先需健全各管理方的组织体系，明确领导小组、工程筹建办公室及项目管理单位的职责、界面。其次，要加强国有美术馆建设管理团队与设计方、施工方的密切沟通与合作。一座成功的现代化美术馆建筑是多方合作的产物，既不能单纯依赖建筑师的设计构思，也不能盲目地按照某一人的指示办事。各方面重视，社会支持，美术馆建设管理团队与设计方、施工方的密切配合、沟通与合作是保证美术馆建设成功的关键。

（三）建筑维护

文博馆建筑建成后，还需要对其进行定期的维护和管理，唯有这样才能保障它的高效运行和可持续性发展。以美术馆为例，在这方面，美术馆的管理者需要做到以下几点：

（1）充分了解美术馆建筑及所在地周边的环境，拥有一套完整、翔实的建筑楼层平面图和所在地的平面图。

（2）定期对美术馆建筑进行评估和检查，确定是否需要维护。若有需求，可聘请专业人士协助。

（3）确定维护工作的维护内容和时间表。维护的需求多种多样，有些需要定期进行，有些则难以预测，美术馆需要制定一份详细的维护时间表，这样既可以预防，又可以应急。

（4）计算维护工作的成本与制定维护工作预算。

需要特别注意的是，国有美术馆作为政府投资的公共文化设施，在兴建之初就需考虑其建成后长期使用和后续管理所需的经费投入。国有美术馆建成投入使用后，既需要不断提升管理水平和内容建设，又要对场馆建筑及设备设施进行维护、保养和加固，这就需要每年安排固定的地方财政投入。所以，在投资建设初期，就应充分预估地方财政对"养馆"所需资金的承受能力，否则将出现"建得起、养不起"的问题，不能达到建馆的初衷。

三、展陈建设方面

地方博物馆承担着传播科学文化，提高当地居民文化素养，发展教育的任务。

（一）展陈突出当地特色文化

在地方博物馆中，通常是选取除了当地历史发展源流外，其他比较有历史文化内涵的实物遗存分为几大板块来设计陈列展览。在这一环节中，各部分展览的先后和主次顺序是值得注意的。

既要让观众明白参观的重点，又要达到全面阐释地方文化的目标。在中国这片物质遗存丰富的土地上，无论多偏远的地区都或多或少留存着祖先给后代留下的历史遗迹和遗物。通过这些真实的历史遗存去了解历史发展进程和规律，是我们感知历史必不可少的环节，这也是人们在博物馆中通过参观真实的文物体验到的。

在博物馆实际工作中，想要协调各方，总揽全局，实现上述目标确是一个不容易的工作。比如很多地方博物馆不具备藏品保护和管理的专业人才和条件，在当地发掘出土的文物大多都是由更高级别的、具备相关资质的博物馆来保护、管理和研究，这导致那些在当地出土的具有重大影响力的文物在很多地方性博物馆展览设计环节只能使用复制品或者图片加文字说明，这对陈列设计者来说是具有挑战性的。

作者认为地方博物馆陈列设计者和管理者在设计本馆陈列展览时，应当运用巧妙的方式弥补这一不足，针对自己缺少实物的短板部分恰当的减少展线，集中布展，再配合一些多媒体的运用也许会有助于观众的参观体验。在必要的时候还可作文字说明，给观众一个合理的为何没有实物展品的解释。地方博物馆展览设计者同时应该根据馆藏品，将更多的设计重点放在那些实物遗存丰富，极具地方特色的文物上，力求通过精心独特的设计给观众留下深刻的印象，帮助观众更好的理解这些地方特色文化。

如有的地方博物馆现有陈列展览中的问题大致有展品稀少、展陈缺乏逻辑、展厅内展线过长、展区划分不明、光线单一、地板过硬、服务设施欠缺等。对于这些问题的改进建议是这些地方博物馆需跟上时代的步伐，结合自身实际，在适当的时间进行博物馆基础陈列改陈。改陈主要是在总体设计的宏观把控中，将改陈重心放在内容和形式设计上，最好请专业的设计人员对博物馆有限的空间进行合理的设计。将重点展陈实现地域特色。同时，在改陈中要把文物安全放在首位，将展览的逻辑性体现出来，把各部分展览做到完整。

（二）加强馆际交流合作

我国各地博物馆事业也在蓬勃发展中，各类博物馆共同组成一个地区的博物馆体系，它们之间应该在竞争中加强交流与合作，互通有无。藏品稀少且质量不精的博物馆应该努力寻求各方支持，扩大自身影响力，争取获得外界的捐赠或借展。同时，通过馆际交流与合作了解博物馆领域最新的研究动向，为本馆工作者创造实践机会，拓宽视野，活跃博物馆工作，提高馆内工作者的积极性和创造性。举办临时展览是馆际合作的基本形式之一，经常举办临时展览是应对藏品稀少的一个有效的解决办法，它在一定程度上可以弥补基本陈列难以满足观众参观需求的缺憾。临时展览还可以满足各种层次观众的需求，丰富观众的精神文化生活，更好地发挥博物馆的教育服务功能。

第三节　新时期地方文博馆的建设创新

一、人才建设

（一）文博馆人才建设的重要性

作为一种教育资源的重要组成部分，进入 21 世纪后，文博馆得到了各级政府和教育主管部门以及一些高校的重视，其发展速度迅猛，建设力度达到空前的程度。

纵观中国文博馆自诞生至今的发展史，在诸如藏品、陈列、研究、教育、管理诸因素中，"物"与"人"是其中最核心的因素。一个文博馆，藏品是一切业务活动的物质基础，很难想象一个缺乏藏品的文博馆会举办优秀的陈列展览、取得良好的社会效益和研究成果。但毋庸置疑，文博馆发展的动力，归根结底还是人的问题。一个文博馆，当然要具备必要的硬件条件，如合乎国家标准的馆舍和库房、一定数量的藏品、达到国家标准的安防和消防体系、基本的经费保障等。馆藏文物及标本的特性，决定了它们是不会"说话"的实物，其蕴藏的历史、科学、艺术价值，需要人们去认识、研究、宣传，才能发挥其作用。办好文博馆，人才是关键。

文博馆是我国悠久历史文化底蕴、强大经济实力和教学科研实力、丰硕教学科研成果、核心价值观、民族精神等方面的集中体现，很多是对外交流的文化窗口和标志性建筑。文博馆的建设，关系着我国软实力的提升、社会影响力的扩大。一个成功的文博馆，其展览研究水准、教育和开放活力是由人才的数量和质量所决定的。因此，根据文博馆的性质、职能和定位、特殊的开放方式，选拔、配备、培养、造就一支与之适应的年龄、学历、知识技能梯次结构的团队，是文博馆各项事业的基本条件和保障。人才是文博馆发挥其功能的内在需求。文博馆功能越强大，对人才的要求也就越高，也就是说，文博馆从业人员的素质高低，决定了其主体行为的优劣、效率的高下、社会评价的高低。而文博馆专业水平的高低，直接影响着文博馆各项工作的质量和效能。

文博馆功能的强大与否，和馆内人才数量和质量成正比关系。一支具备与所在文博馆功能和水准相匹配、具有较高专业技术水平和技能的业务人员群体，是一个文博馆兴旺发达的基本条件。文博馆工作是一项思想性、学术性、专业性很强的工作，涉及的知识面十分宽泛，它要求文博馆人员成为博学之人，而且在广博的基础上，还要达到一定深度，即"博中求专"，"一专多能"。除了文博馆工作基础知识、政治觉悟、思想道德品质、奉献精神、较高的科学文化知识、专业技能以外，文博馆作为一种宣传重要的部分，还在于文博馆专业技术人员要参与宣传和沟通工作中。

（二）文博馆人才队伍目前存在的问题

21 世纪的文博馆虽然处于突飞猛进的态势中，但暴露出来的问题也是十分明显的，其中的人才问题尤为突出。在外人看来，文博馆是人才荟萃之地，富矿之内安有贫瘠？近 10 年来，作者与全国文博馆多位馆长和专业技术人员多有接触，体会最深的是：目前文博馆从领导岗位到业务部门，最缺乏的是专家管理型人才，而且现有人员的知识结构、年龄层次配置不合理，水平与创新能力等方面，与政府和社会对文博馆的期望和要求还有相当的距离。除极少数社会效益、经济效益俱备的文博馆外，大多数文博馆在社会发展中处于一种"配角"的尴尬地位。从文博馆历史来看，在相当长的时间里，文博馆虽然与图书馆、档案馆、实验室等机构并列，但无论重视程度、资金投入、人员配备等方面逊色不少。其后果是：相当一部分文博馆投资不足，藏品老化，面貌单一，陈列展览多年不变，缺乏对师生和社会人士的吸引力；对外宣传不够，常年封闭，不对外开放，"养在深闺人未识"，利用率极低；或者展览内容死板，过于专业，亲和力不够。归根结底，都是"人的问题"在不同层面上的表现。目前，文博馆界已经充分认识到，在影响文博馆发展创新的诸多因素中，人才因素最为关键。

目前文博馆发展过程中出现的问题，究其原因，除人的因素外，也与目前的管理体制有一定关系。尽管许多馆长是所在领域的专家学者，但不可否认，部分文博馆任命的干部更多的是从政工岗位而来，专业素质和文博馆知识不足，只是把文博馆作为落脚之地，看重的是"馆长是干部"这个头衔和津贴待遇，对文博馆事业的热爱程度、专业技术水准、管理水平等不是很高。这必然会影响到文博馆的发展和创新。部分文博馆是学校二级单位的，情况更加复杂。文博馆隶属于所在院系（所），馆长大多数是兼职，专业水准固然不容置疑，在所属领域有较高的学术成就和知名度，但综合管理水平却是"短板"，对文博馆相关业务也不熟悉，受知识结构限制，在跨学科、跨领域、人际关系与对外交流等方面办法不多。

馆长如此，其他业务人员情况也与之相似，部分人员的专业水准不高，责任心与使命感不强，"配角"的意识过于浓重，对文博馆事业自然也就谈不上热爱。同时，我们还应该看到，目前对杰出人才的追求可谓"不遗余力"，强调高素质人才固然没有问题，但对于文博馆工作的包罗万象、层次不一的性质，还应做到充分了解。目前，文博馆人才队伍的梯次结构日渐脱节，配置不合理，大量基础工作无人愿意去做。这些都是影响文博馆发展的重要原因。

（三）文博馆人才培养途径

人才培养是提高文博馆人员素质的重要手段。21世纪文博馆的大发展，对文博馆人员提出了更高更新的要求，传统的文博馆人员构成体系、知识结构等，已经不能适应新时期政府、社会和高校对文博馆的期望。因此，人才队伍建设就成为目前文博馆发展需要优先解决的问题。对于一个文博馆来说，选才、育才、用才三方面同等重要，不可偏颇。

文博馆内直观形象的藏品，为文博馆人员培养提供了肥沃的土壤。但作者认为，与业务培养相比较，我们培养文博馆人才第一条要强调的就是职业道德素质的培养，这在中外文博馆界已经成为共识。文博馆作为文物及标本等文化、自然遗产的收藏、展示、研究单位，从业者每天面对的是价值连城的"宝物"，对其道德品质的要求自然要高于常人。

中国国家文物局制定的《文物工作人员守则》中有关文物的要求同样适合于文博馆工作员：严禁将文物化公为私，监守自盗；严禁将文物作为礼品赠与任何人；对私人向文博馆出售的文物，严禁利用职权，为自己或亲友收购；严禁倒卖文物等。"丹青不渝之君子"是对文博馆从业者的最好赞誉。

从国家文物局的角度看，文博馆人才培养有三个层次：国家文物局举办的全国范围内的文博馆人员培训；各省、市、自治区文物部门举办的各种类型的培训；各地文博馆举办的专题学习班。培训方式有：岗前培训；在职进修；脱产学习。近年来随互联网技术的普及，在线学习也日趋流行。特别是公开课的出现，为文博馆从业者的相关培训开辟了一条新路径。

对文博馆而言，除引进高水平人才之外，更积极和有效的方法是加强对现有人员的培训。能够参加国家、省、市文物部门举办的各种培训班固然很好，但同时还要利用好一些高校的资源，如各类专业教师、专家学者，丰富的图书资料和网络电子资源等。培训内容要因人而异，有条件的选送至各级各类培训班学习；馆内至少每周安排一次业务知识学习，聘请专家学者开办各类讲座；积极创造条件，鼓励业务骨干参加学术活动，提高业务水平。在这点上，文博馆管理者的作用很大。一个自己善于学习的管理者，也会鼓励下属不断学习；一个重视专业知识学习的管理者，馆内的学习气氛也会十分浓厚。要疏通渠道，不拘于形式，灵活化。特别注意形式与内容的统一，讲求实效，对症下药，重点培训文博馆从业者的薄弱环节。在外聘的同时，公平对待馆内人才，发挥其特殊才干，对一些实用性业务和专业技术，如文物鉴定与修复、书画装裱、标本制作等，采取"师傅带徒弟"的方式，言传身教，使新从业者耳濡目染，尽快掌握文博馆专业技术。

为达到良好的培训效果，一方面要建立培训上岗、持证上岗制度，以制度化促进学习培训的常态化。文博馆管理者还要充分运用现代管理学方法，建立合理的奖惩机制、绩效评估机制，可以帮助员工建立清晰的专业发展目标，促进个人业务水平和管理水平的不断提高，确保文博馆各项事业健康发展。

在对文博馆正式职工进行培训的同时，文博馆管理者也不能忘记志愿者队伍的培训，他们不仅在一段时间内是文博馆事业的协助者，而且从长远角度看，也是文博馆人才的储备库。对他们的培训与教育意义重大。文博馆可以根据志愿者的不同专业情况和业余时间情况，安排不同内容、不同层面的学习。借鉴国外文博馆对志愿者（义工）的培训教育方式，可以把志愿者分为部分时间人员、实习学生、其他义务人员分别培训，因岗定人，因人施教，注重实际效果。尤其是对于学生志愿者，可以采取一定的激励方式，如获取学分或少量资助（美国部分大学文博馆采用此方法，效果很好，且很受学生和大学欢迎）。

总的来说，进入21世纪以来，文博馆的现代化是社会历史发展的必然，科学管理是实现文博馆各项功能的正确途径。在文博馆管理的诸多要素中，人的因素起着决定性的作用。办好文博馆，人才是关键。我们既要为当今文博馆取得的成绩而自豪，也要看到，在优势和成绩背后，文博馆面临的重重危机，其中文博馆人才的竞争尤为激烈。当代文博馆在依托优秀专家学者的同时，更多地要考虑专家管理型领导的培养和选拔，业务人员的培训应该侧重于复合型人才的培养。同时，用开放的体系吸引人才，充分注意文博馆人才配置应有的合理的整体知识结构。文博馆拥有丰富的、各具特色的藏品、与此相关的高水平的研究队伍与成果、整洁优美的环境，特别是政府和教育部门对文博馆认识的进一步加深，在 21世纪中华民族复兴的道路上，文博馆定会取得更加辉煌的成就。

二、文博馆的制度建设

现代管理学认为，任何组织都需要恰当地管理其事务，而且在具有公众责任的地方，恰当的管理就更加关键。从广义的角度讲，文博馆是公众机构，为社会公众的利益而存在。管理水平的高低决定着文博馆的得失成败，其管理的首要目的就是为了实现文博馆的宗旨和目标，并且使内部组织结构的设立、人员的合理配置有利于整体目标的实现，文博馆的功能必须依靠科学有效的管理才能发挥作用。管理制度是指以责任制为核心的各项规章制度，是文博馆工作人员遵守的工作规范和准则，是文博馆科学管理的保证。一般而言，一个文博馆建立有馆长责任制度、岗位责任制度、民主管理制度、文物标本征集制度、文物标本保管制度以及陈列展览、宣传教育、科学研究、建筑和设备管理、财务管理、行政办公等多方面的规章制度。

文博馆诸因素中，除了"物"与"人"外，制度的因素同样是不可或缺的，它是最基本的管理要求，也是文博馆实现有效运转的前提条件。"没有规矩，不成方圆。"没有制度或者制度不完善，文博馆就无法正常有序地开展工作，实现既定目标。完善、可行的文博馆制度是其综合功能发挥的关键点。建立文博馆规章制度，是应对 21 世纪文博馆发展的新需要而必须实施的，它也是文博馆建立创新机制、长效机制的一项重要内容。

与其他部门一样，规章制度是管理流程和业务流程的标准化、规范化，它可以有效避免职责不清，无章可循，推诿扯皮，更高地提升工作效率。文博馆从业者尽管具有较高的文化素质和科学素养，但如果基础性的规章制度的制定与管理不够完善、随意性强，就会造成效率不高、资源浪费的后果。

文博馆工作包罗万象，千头万绪，总结起来，其规章制度，按结构体系划分，可以分为领导责任、部门职责、岗位职责（也可以称作行政职责、业务职责）。

文博馆的规章制度由国家颁布的法律法规和一些与本馆实际工作相结合的单项制度组成。《文物保护法》《中国文物博物馆工作人员职业道德准则》《文物工作人员守则》是文博馆制定单项制度的原则和基础，与文博馆具体工作密切相关的单项制度才是制定的重点和执行的难点，因为这是在共性之外依据自身特性而制定的制度。这些单项制度主要包括安全防范制度、藏品库房管理制度、展厅管理制度、文物鉴定与修复制度、人事管理制度、卫生制度、讲解员服务制度、考核制度、员工培训制度等等。

文博馆管理者担负着文博馆发展繁荣兴旺的重要职责，他们不但主持制定与本馆有关藏品和其他方面的规章制度，还要在权利的运用、馆内重要事项的决策、文博馆资金的筹措与使用等方面，本着公开、透明的原则，制定相应的程序制度，从传统的"自上而下"制定规章制度，逐步向"民主集中制"的馆务会制度转变，增加部门主管和其他人员的话语权，确保决策的民主化、科学化，同时也增加了员工的主人翁意识，促进文博馆各项事业的健康发展。办公室是协助馆长进行科学管理的办事机构，承担着上传下达的职责。办公室的规章制度包括对内、对外公文的起草制度、馆内档案整理制度、各类公文呈签制度、人事制度、考勤制度、门卫制度等等。这些制度看似琐碎，但却是文博馆正常运转的必要保障。

安全保卫制度在文博馆中是仅次于藏品保护与库房管理的重要制度，它的完备与否、执行情况好坏，直接决定着文博馆珍贵文物和标本的安全问题。要本着"人防、技防"并重的原则，根据藏品情况和文博馆风险等级，制定相应的安全防范制度。包括监控室值班制度、值班巡查日志记录制度、设备定期检测制度、库房和展室清场记录制度、馆外人员进出登记制度以及文博馆安全防范预案制度、安全责任追究制度等等。

在文博馆所有制度中，库房管理与藏品保护制度可以说是最重要的，全世界所有的文博馆无不把它作为重中之重。原因自不待言，"藏品是文博馆一切事业的物质基础"，藏品保护与管理的好坏，直接决定着文博馆展览水平的优劣和科研成果的产出。首先，库房要建立符合藏品级别的进出制度，无论是展览、研究提取文物，还是文物入库，必须实行馆长（至少是业务主管）审核制基础上的出库三联单制度，确保文物及标本万无一失。馆藏文物研究制度、文物修复制度与文物鉴定定级制度也要密切联系，不断深化认识，充分挖掘文物所蕴含的深厚的历史、科学和艺术价值。珍贵文物和标本展览期间，还要制定严格的展室巡查和签字制度，各部门规章制度环环相扣，不留隐患。藏品账卡是文博馆的基础数据，其管理制度要严格执行一物一卡、管理账卡者与库房钥匙管理者分离的准则。

在制度的实行过程中，要按照文博馆岗位职责的归属，确定责任到人，分工负责的方针，做到"工作无私利，制度是保障"。制度既要严谨、健全，也要根据不同的文博馆情况，具有一定灵活性。在制度制定的过程中，首先要考虑可行性和可操作性，这要根据文博馆条件和员工思想业务素质水平而定，切忌好高骛远，贪大求全。要注意程序正义，公正平等，制度对所有人都应该一视同仁。制度的建立还需要制定者有创新精神和超前意识，为文博馆未来的发展未雨绸缪。对于比较特殊的安全保卫制度、巡查制度等，还要注意保密性，防患于未然。

三、参观体验方面的建设

新时代的文博馆建设与发展需要打破"被动"状态，主动思考如何使参观者获得更好的参观体验，这也是文博馆建设过程中需要重点考虑到的问题。随着"主动式展览"时代的来临，文博馆更要"以人民为中心"，关注与参观者的"互动"，根据参观者的心理体验，做出适当调整与创新。本书在这里将根据参观者从了解展览信息，到进入文博馆参观展览，再到离开文博馆，以及文博馆与其的后续互动这一线性叙事的主体结构，重新分析文博馆体验消费式创新。本书将这一过程分为三个阶段与六个要素。六要素分别为参观文博馆前的"闻"，参观文博馆中的"知""感""购"，参观文博馆后的"忆"。文博馆可通过这一系列的活动来进行调整，以吸引观众，达到体验消费的目的。

参观文博馆前可以称为"闻"，即了解、知晓文博馆某期展览的时间、地点与参观方式。参观文博馆中有五个要素，分别为：（1）"知"，获取知识信息。语音电子导览、3D模拟动画、VR/AR沉浸式体验模式等，将为游客提供愉悦、轻松的阅览环境，便于观众在参观中对知识的获取。（2）"感"，感受场馆氛围。场馆设施是文博馆服务的延伸，在外部将成为一个标志性景观，在内部设施建设中，应给游客宾至如归的感受。（3）"购"，创新购物体验。文博馆具有开发旅游纪念品的优势，要逐渐改变商品结构，开发构成文博馆独具特色的旅游商品以及与各自藏品相关的商品。（4）在观众离开展览后，有一个让参观者"忆"的环节，如何加强文博馆后续服务力量与提高参观者黏度，也是本书着重探讨的问题。

（一）参观文博馆前文博馆的吸引力

前置体验对于文博馆的观众来讲，是指通过接受媒体宣传，有效获得文博馆的传播信息，从而产生体验愿望。因此，我们将这一不可或缺的认知体验称为"闻"。

"闻"，指观众在进入文博馆前，获取展览信息的方式。这就需要文博馆对各时期的展览进行广泛宣传。据作者研究发现，观众获知展览信息主要通过两种方式。一为事件式获知，指文博馆借助媒体对该展览进行深度报道，并且运用一些宣传手段与方法。例如，"明星效应""微访谈"等。二为感官式获知，指文博馆将展览信息通过不同传播方式宣传出去，如张贴海报，借助网站公布展览信息等。

1. 事件式获知

从事件式获知来看，对于大型展览而言，要想做好宣传工作，首先要了解展览的最新情况，其次要寻找适当的宣传方法。

主动宣传是文博馆的一种策略，能有效推进文博馆宣传推广。如2018年4月19日，北京嘉德艺术中心"COCO CRUSH"体验展，在开展前一天请来社会各界知名人士做活动，为展览造势。宣传推广团队依据原有模式，发掘报道亮点，与媒体协商拟定具体宣传方案，该展览的相关消息一经见报，就引起了社会公众的广泛关注。活动结束后，网络知名人士通过互联网畅谈参观体验，赞扬此次展览，引起轰动效应。这场策划已久的推广活动，通过网络名人的社会影响力调动了公众的参观热情，迎来了新一波的参观热潮。

2. 感官式获知

从感官式获知方面来讲，在大型展览开始前，地铁、车站、商业街甚至西餐厅等人流汇集的地方都会有大型海报张贴，各大网站、展览性质的App、公众号也会相应公布展览信息。海报中一般会加入"饥饿营销"体验，如"展期只有三天""不出城门就可以观赏到来自世界各地的瑰宝"，观众被海报上的信息所吸引，进而前来参观展览。

（二）参观中文博馆的沉浸力

一般来说，亲临文博馆参观是整个体验流程中最重要的环节。我们前期已经讨论过参展前置体验需要考虑到哪些方面。本书这里将就体验流程中的核心环节——参展中的观众需求，进行详细探讨。我们将其分为三部分，分别为"知""感""购"。

1. 注重观众的"知"

"知"指观众在文博馆参观展览时，获取知识的方式。文博馆中静态冰冷的文字与展品很难激起观众的求知欲，长时间的阅读更会造成视觉疲劳，影响游览体验。当今电子导览系统的出现极大地帮助了观众获取海量高质的信息。此外，AR和VR等高科技技术的出现，为观众了解文物与展览提供了360度全方位的沉浸感官体验。

（1）导览体验

近期，自助导览系统的更新换代，令游客有了更加轻松、深入的体验。大英博物馆的自助导览系统是当今全世界文博馆展览的典范。以大英博物馆的自助导览系统为例。首先，大英博物馆现场的多媒体导览设备是一个智能手机终端，其功能非常强大。它提供了 10 种语言版本，收录了 260 段关于文博馆精彩展品的讲解，均由策展专家解说。其中包括语音、视频、文字和图片。从古埃及到中国，为观众提供深入详细的资料信息。观众可以根据展品内容选择参观方式，了解更多著名的展品或是展开一段主题性导览。此外，通过互动地图，在庞大的文博馆空间里，观众能迅速地找到展品，以自助的形式轻松探索文博馆。导览还提供了与此件展品相关联的其他展品信息，并可以随时通过互联网进行相关的延伸阅读。

（2）沉浸体验

数字技术能提供一种新的形式来传递信息和讲述故事，所以数字媒体将会帮助观众获得更加个性化和富有沉浸力的体验。例如，VR 能提供非常独特和有震撼力的体验。VR 最特别的地方在于它能让人们身临其境地感受一个想象中的世界，能提供其他技术难以提供的深度信息。比如，纽约鲁宾艺术博物馆展示了一个瑰丽的佛教寺庙，观众可以进入其中参观。鲁宾艺术博物馆想要将在贝加尔湖附近的扎仓所拍摄的一个 VR 影片展示给观众，因为其中包含了佛教庙宇里诵经的场景。当观众戴上 VR 眼镜时，他们会站在扎仓这座华丽的寺院里，四周环绕着诵经的和尚，耳边听到的是紧密的鼓声与祈祷的声音。他们将会完全沉浸在一个由僧人主持的佛教仪式当中。AR 则可以提供一种截然不同的、愉悦的体验。虽然它不能提供浸入式的体验，但却可以提供更多的互动。例如，摩根图书馆博物馆与一个移动设备导览公司 GuidiGO 共同合作了一个项目。摩根图书馆文博馆曾是金融家 J.P. 摩根的居所，后来改建为文博馆。该项目使用 3D 音效及动画，能让观众看到和听到现实中绝对无法获取的信息，比如 J.P. 摩根在图书馆翻看图书的虚拟影像，从而令观众更好地欣赏藏品和建筑。

2. 注重观众的"感"

除去文博馆的认知、教育体验外，场馆内外部设施布置陈列得当，工作人员服务亲和、专业，不仅可以使参观者更好地了解展览，也可以提升观众对该文博馆的好感度。因此，我们将对场馆的内外部体验提炼为要素"感"。

（1）外部空间

场馆设施是文博馆服务的前身，文博馆的建筑达到一定的规模后，会成为一个地标性建筑。其本身就属于一座城市的地标性景观，需要与周围环境相互融合，给观众带来良好的视觉体验。

例如，苏州文博馆新馆设计以粉墙黛瓦的苏州传统建筑和精美的苏州园林为设计元素，通过现代设计手法对传统进行诠释，新馆建筑色彩简洁，以灰白为主（图 2-3-1）。与传统园林相比，文博馆新馆的主庭园和精巧的展示厅虽非采用传统及保守的设计手法，新的设计方向及主题却由其出发而提炼重组传统景观设计精髓，发展出中国园林建筑的新方向。

图 2-3-1　苏州文博馆外观

再有，中国木雕文博馆（图 2-3-2）的外形让人联想到北方特有的地貌和冰雪景观。当自然界的纯净优美与信息时代的效率、速度形成剧烈反差，混沌而抽象的形式便可以恰如其分地去实现兼容并蓄的文化转换。中国木雕文博馆的建筑主体长约 200 米，仿佛是由流动的冰雪凝固而成的银色生命体，三维方向的延伸扭转展现出特殊的基地与功能的关系——它模糊了固态与液态之间的界限。它的不锈钢表面反射着周围的城市。冰冻，被理解为自然的保护力量。

图 2-3-2　中国木雕文博馆外观

（2）内部设施

在场馆内部，我们又将体验分为"软性体验"和"硬性体验"两种。前者是指文博馆提供的人文体验，而后者则是指基础设施建设方面的体验。

首先，在人文体验方面，主要看导览讲解员、工作人员的妆容仪表是否得体，讲解员讲解是否清晰流畅，是否遵循客观历史等。新时代背景下文博馆与公众对讲解员提出了新的要求，在表述准确得当的同时，还要根据参观者的年龄层"对症下药"，采用不同的语言模式。

此外，残障人士数量庞大，加之教育民主化趋势日渐强盛，完善残障人士教育成为必然趋势。文博馆作为主要的非正式学习场所，是残障人士接受教育的重要途径之一。因此，针对残障人士的特殊人文服务也是文博馆努力建设的重点。

例如，2018年4月22日，杭州钱塘江文博馆"古法新生——钱塘江文化传统纹样雕版印刷体验展"，特地为听障人士招募热心手语导览员。杭州市残联手语志愿者教大家学习日常手语（包括打招呼、感谢、赞美等），进行情景模拟，带领大家体验文博馆双语讲解，以及与观众进行小互动。2018年4月12日，北京石刻艺术文博馆和大钟寺古钟文博馆开展"用手感受文物"活动，前来的四位盲人代表以独特的方式体味文物脉搏，品鉴文物魅力。过去盲人到文博馆，只是单纯地听讲解，没有机会真正去触摸体验。刻板的讲解词对天生视觉障碍者来说十分抽象。通过触摸文物，讲解员叙述的史料变得容易理解了。

其次，在基础设施建设方面，提供愉悦美好的场馆环境也是不可忽略的重点。文博馆陈列的环境氛围具体指两个方面。一是直观的现场环境氛围，这是由陈列现场空间设备、精美的展品、柔和的光线色彩、适宜的人控气候以及悦耳的背景音乐等综合形成的，力图给观众留有一种恬静、高雅的美的环境享受。

另一种是对历史或自然环境氛围的感受，这需要依靠设计中对陈列内容的历史背景做形象的揭示和烘托，引导观众在参观中体味这种旷古的历史氛围。

如两汉历史陈列中运用了龙飞凤舞、朱墨、土红相间的漆饰纹样图案造型来烘托环境，人们自然有一种对汉代艺术雄浑博大的体味。热带雨林场景带给观众的绝不会是沙漠的干旱。这种历史氛围或生态氛围对观众起着一种不可言传的美感传递作用。

此外，简餐的位置、休息厅座椅设置、厕所的数量、方位规划等也需要文博馆着重考量。

3. 注重观众的"购"

近些年，文博馆文创产业已经发展得非常成熟。我们将观众的购物体验称为要素"购"。

从微观来讲，一件文博馆藏品可以衍生出一系列文创产品，富有设计理念的文创开发不仅可以引起人们购买和使用的兴趣，还会培养人们的收集爱好。

（1）文博馆微观购物体验——大英博物馆文创产品体系化之路

英国大英博物馆通过授权的方式和许多制造商合作，从设计、制造到营销，形成了一套完整成熟的产业。大英文博馆在文创产品的设计上一直以来都坚持两条道路。

第一条道路，是将具有英国特色的 IP 与本馆馆藏 IP 相结合开发出一些大众喜闻乐见的文创产品，比如之前很火爆的大黄鸭，大英博物馆将其与馆藏文物相结合推出了一套卖萌小黄鸭。

第二条道路，就是大英博物馆将一些"明星藏品"进行衣食住行一条龙系列化的开发服务，就像罗塞塔石碑。在官网上搜索"Rosetta Stone（罗塞塔石碑）"，会出现 60 多种衍生品，覆盖各种价位，包括书籍、复制品摆件，还有饰品、服装、文具、被子、巧克力、U 盘，等等。可以说，大英博物馆对罗塞塔石碑的文创产品开发已经渗入到人们衣食住行的各个方面。

（2）文博馆宏观购物体验——以 K11 购物艺术中心为例

"文博馆新零售"六个字涵盖了现代购物的新需求。它运用各种手段，让消费者心甘情愿地留下来消费。比如，K11 购物中心就是这样一个场所，它并非普通商场，而是被定义成现代都市博物馆。

中国一共有四座 K11 购物艺术中心，K11 带来了"文博馆新零售"的创新商业模式。K11 本质上是一个艺术空间，当顾客走进去时，闭上眼睛，感受到的是文博馆的气息。K11 将场内品牌与现代人品味建立情感联系，营造不一样的情景零售氛围。它是艺术品与商业之间跨界的"硬"关系，在 K11，无论从建筑外表到商场空间，无论是艺术品展览抑或是艺术空间的打造，艺术的生命力早已深深植入每一个作品里，焕发出另外一种生命力。

比如，上海的 K11 曾经以莫奈特展为艺术主题，前来参观的总人数超过 26 万，单日最高达 6000 人次，如此大的客流量，直接让 K11 的日常营业额增长了 20% 之多。

这是"文博馆新零售"商业模式的正式落地，极具艺术活力的空间和创意丰富的活动，为消费者打造只有身临其境才能感受到的沉浸式购物艺术体验，并与新零售改革热潮中"增强体验式消费"的核心不谋而合。

（三）参观文博馆展览后文博馆的回溯力

"忆"，指文博馆不仅要在参观者参观期间营造出良好的体验氛围与环境，也要关注文博馆观众的后续黏度。与参观者后续互动，让观众能时刻"忆"起曾去过的展览。促使文博馆与观众增强后续黏度一共有两种方式，分别是线上媒体连接与线下后续关怀。

1. 线上媒体连接

线上媒体连接，主要是指通过网络媒体与观众建立持续性连接。例如，美国芝加哥儿童文博馆开展"带我回家"活动，增强与观众的后续黏度。该文博馆曾设置"摩天大楼挑战赛"，并邀请参观者分组工作，在几分钟内创建摩天大楼。旁边的亭子会拍下定时照片，视频影像也在旁录制。创建结束后的视频会被发布在官网上，游客回家后可以输入密码观看本组构建大楼时的视频。这样游客不仅增强了对该文博馆的记忆，而且在不知不觉中为文博馆做了宣传。

再有，为鼓励游客与伍斯特城市画廊和文博馆馆藏建立更强烈的情感联系，伍斯特城市画廊创建了名为"前40名"的展览。参观者通过投票选出他们最喜爱的作品。被选中最多的作品将被放置在最关键的位置。便签每周更新一次，不同年龄段的游客都会一次次地返回，看看他们最喜欢的那一幅画排在哪儿。该文博馆通过开发一个高度反映游客投入的平台，将参观者与展出的展品和整个机构联系起来。

2. 线下后续关怀

线下后续关怀，主要是指通过后续的一些人文性服务塑造展览口碑。例如，美国芝加哥儿童文博馆会邀请参观者在场馆中亲手写明信片，文博馆持有明信片几天后再邮寄给他们。该活动在于创建机构与访客之间令人愉快的连接点。明信片这种物理的、个人化的时间延迟的人工制品，对于游客和机构的关系具有较大的潜在影响。游客在大英文博馆参观之后，还可以根据电子导览系统统计自己一共看了多少件展品，它们可以归为哪些主题，自己对哪个展厅和主题有偏爱，等等。观众可以将这些参观的总结作为电子纪念品发送到自己的邮箱，或者分享在社交媒体上，以此帮助文博馆做了信息与口碑的宣传。

以上，本书从观众的角度出发，以文博馆体验为核心，从前期获知文博馆展览的吸引力、中期文博馆参观的沉浸力到参观后文博馆的回溯力三个方面，按照时间逻辑，提炼出文博馆参观体验的六大要素"闻、知、教、感、购、忆"。随着时代的发展，六要素在未来将会延伸出新内涵、新思路，使文博馆真正建设成为世界人民博览万物、获取知识的巨大宝库。

第三章　互联网时代地方文博馆建设与发展

本章探索了互联网时代地方文博馆建设与发展，这是时代的要求，也是文博馆得以更好发展的要求，毕竟如今互联网无所不入。本章从互联网对地方文博发展的影响、"互联网+"背景下，地方文博建设创新实践这两方面出发。

第一节　互联网对地方文博发展的影响

近年来，地方的文博馆在信息化建设方面取得了长足的发展。很多文博馆正逐步建立并开始使用各类信息系统辅助日常工作，如藏品管理系统、办公自动化系统、业务管理系统、数字资源管理系统等。在数字博物馆建设中，文物相关数字资源建设是一项基础核心内容，藏品、展览、观众等数据被采集加工成有组织的数据，即信息。随着物联网、云计算、大数据和移动互联网技术的引入，一种全新的物馆形态智慧文博馆应运而生，我国不少地方在智慧文博领域开展了诸多有益的探索。智慧文博实现智慧的基础是知识，要完成数字文博馆到智慧文博馆的转化，一项基础性的工作就是提升现有数据的表达和管理方式，完成信息到知识的转化。知识图谱是大数据的核心技术之一，是新一代的知识计算和知识服务技术，国务院印发的《新一代人工智能发展规划》中，知识图谱列为新一代人工智能关键技术之间，它的出现给智慧文博馆建设的知识组织问题提供了一种新的解决思路。本书在调研知识图谱的研究和应用现状的基础上，结合文博馆的信息化建设需求，探讨了互联网对于地方文博馆的发展影响。

近年来，在计算机及网络技术高速发展的推动下，"互联网+"背景下文博馆的数字化与信息化建设作为文博领域的新生事物，正随着现代文博馆事业的不断发展而迅速发展。文博馆进行全面的数字化和信息化建设是文博馆发展的必然趋势，也是新时期文博馆管理的一项重大技术革新。借助先进的信息技术来对文博馆内的内容进行数字化展示、利用和有效保护，具有重要的现实意义，也将给文博馆的发展带来新的机遇和空间。

一、实现对文物资源的"永久性保护"

很多地方文博馆中最重要的最有价值的资源就是文物。文物是人类及其环境的实体见证物，本质上是一种特殊的、广义的历史信息载体。以文物为基础，对公众进行社会的，同时又是终生的教育，是现代化文博馆的主要课题。由此可见，文物的利用并不是文物本身物质实体的使用，更不是文物自身原有使用功能的重复。一切观众和专家对文物的利用，本质上是对文物所蕴涵的信息的利用，是对文物所蕴涵的各个学科、各个层次信息的发掘和交流。数字化的信息技术，带来的最本质的变化，就是能够实现信息与其实物载体的分离。比如说，毛泽东遗物中有大量现代工业产品，质地上很多是由有机物组成，无论采用何种保护措施，也只能延缓其消失的进程，采用二维图像技术、3D技术、音视频技术等对馆藏毛泽东遗物进行数字化信息采集和管理，千百年后，即使这些文物实体不复存在，仍能通过虚拟现实、多媒体展示等方法对其进行研究、展示。

二、有效缓解保护和利用的矛盾

文博馆在征集、保护、研究、传播和展示之中一直隐藏着一对矛盾——藏品保护和藏品利用之间的矛盾。从文博馆藏品保护角度来看，应该取消一切可能对藏品造成损害的利用。藏品的利用，无论是研究、传播还是展示，对藏品本身都会造成一定程度的损害。如何解决文博馆功能之中的这种矛盾，已成为困扰文博馆工作者的难题之一。

馆藏信息的数字化提供了新的解决方法。相关工作者很早以前就开始对馆藏品信息进行记录归档，典型的方式如文字、照片。随着互联网技术、数字化技术的发展，如采集设备工具、采集标准规范、数据交换和存储设备、特殊数据采集和加工技术、传播技术等的不断成熟，目前已有条件进行特殊功能和复杂信息的采集（如三维数据等）。通过较完整的信息采集，以后的利用便大大减少提取文物实体的次数。例如，我们已完成毛泽东听过的磁带和唱片的数字化重建，在《毛泽东磁带唱片展》中制作"多媒体互动数码桌"时便只需拷贝音频数据文件，不需要提取磁带唱片实物。再如毛泽东生活账本、菜谱、护理记录及毛泽东读过的各种书籍的批注等，研究人员每查阅一次均会对原物造成一定的损害。运用目前已成熟的图像扫描技术对这些纸质文物进行数字化采集，查阅、研究工作便可在计算机中完成，从而避免造成对原物的损害。

三、促进实体文博馆管理水平提高

相关人员面对馆藏音像资料如录像带、电影拷贝出现查找检索困难的尴尬。若采用数字化技术，将电影拷贝进行胶转磁、将录像带通过非编系统采集，并建立"媒体资产管理系统"，这些问题将迎刃而解。通过数字化技术，以藏品信息管理为核心，建立符合本馆需求的文博馆综合业务管理软件、数据库管理软件、知识库管理和信息服务平台等，既有利于对进入藏品数据库的信息进行统计、查询和知识整合，又有利于藏品的保护、研究和管理信息的不断积累，如应搜集整理已有或正在建设的数字资源，如大型文献电视专题片《毛泽东遗物故事》（20集）的视频文件、《毛泽东遗物精品图集》画册数码相片、《毛泽东 99 个遗物故事》电子文档等，并配套信息平台进行管理，形成藏品的"生命档案"。

四、激发观众的感知兴趣

虚拟信息展示涵盖文博馆内部实物藏品的展示，如导引观众和检索信息的电子触摸屏、配合展览说明的投影数字播放、可供点播讲解的手持 PDA、可以自助查询服务的电子阅览终端、可以人机交互包括非接触式交互的展示平台、数字特效影院、互联网上的展示和数字文化产品等。

这些数字展示技术拥有多种表现形式，如多媒体互动、虚拟现实、幻影成像、场景仿真、感应控制等，呈现出迷人的或震撼的场景，以及生动有趣的节目、活动等，可以激发人们参观、体验文博馆的兴趣和愿望，进而让更多人群成为实体文博馆的真实观众。比如，毛泽东遗物馆内的数字电影、虚拟翻书、中南海虚拟游、互动触摸屏、电子留言台等多媒体运用激发了不少观众的参与热情。

五、延伸实体文博馆社会传播、教育功能

文博馆可借助互联网远程传播，路途遥远、时空阻隔、难以亲临实体文博馆的人们则可以在众多数字文博馆里遨游：或了解某个文博馆的历史，或欣赏某个文博馆的著名珍藏，或参加一次虚拟探险，或参与某个有趣的游戏和活动。虽不如亲临实体文博馆的真实体验，但这样提供的广阔视野和对文博馆文化生动、深度的阐释，加深了人们对文博馆的了解和热爱，促进了文博馆文化的影响和传播，从而也赢得了社会对文博馆的关注和支持。

通过互联网和数字技术的各种优势进行交互式远程教学和单项式远程教学，使实体文博馆的教育职能得以更大发挥。交互式远程教学就是在固定和约定的时

段内，由文博馆专家主持进行某一领域、某一专题知识的传授并与学习者进行相关问题的探讨或答疑解惑。单向远程教学则是配合学校课程设计和进度，或针对不同学习需求的大众，将文博馆丰富的典藏、研究成果和展示资源制作成各类多媒体教学资源，在网上提供教学节目下载，进行远程教学。比如说，毛泽东遗物馆拥有党性教育、爱国主义教育等方面的丰富资源，可借助数字化技术平台，通过网络扩大、延伸实体文博馆社会传播、教育功能。

文博馆的信息化建设是一项长期而又艰巨的任务，最终打造的数字文博馆将利用数字化文物资源和虚拟现实技术实现"永不关门的多媒体文博馆"，为观众提供临场性、交互性、参与性的参观体验。很多博物馆的数字化信息化建设虽刚起步，但有着广阔的发展前景，届时，"数字纪念馆""数字美术馆"将摆脱地域和时间的限制，观众眼前不再是静态的藏品，数字技术将带领人们穿越时空，身临其境地感受展品背后蕴藏的历史。

可以说在互联网时代文博馆有着更加广阔的发展前景。

第二节　"互联网+"背景下地方文博建设创新实践

一、利用互联网实现实时传导

文博馆最重要的功能就在于文化传播与宣传教育的功能，而利用互联网可以实现实时传导，这对于文博馆的功能发挥有着十分重要的意义。本书在此以"纪念馆"为例，谈一谈利用互联网实现实时传导方面的内容。

近来很多人提倡的"大纪念馆"理念，是基于互联网时代和信息化社会"趣缘型后部落化"特征所构筑的一种现代纪念馆建设思路。其中涉及的一些具体举措，包括建设公共图书室和影音室（厅）、推进官方网站运营和纪念馆馆长"开博"等，都是通过扩展外部的宣传手段，来达到吸引公众的注意力、培养潜在的观众群、实现情报中心建设的目的。但对于一个纪念馆来说，如何在最核心的陈列展示部分上提高信息传播能力，进一步强化陈列展示本身的情报交流功能，无疑是开展"大纪念馆"建设时更为重要的一大课题。

对此作者觉得纪念馆应当多多考察和借鉴其他类型文博馆陈列展示的理念和技术，和整个文博馆陈列展示的发展潮流实现衔接、保持一致。从理念层面来看，文博馆陈列展示经历了从早期"陈列通柜"一统天下的"设施主导型展示"阶段，到 19 世纪末 20 世纪初开始为实物配置说明牌和说明板、定制相应展柜的"实物主导型展示"阶段，再到 20 世纪末受到现代文博馆教育理念的影响，逐步进入强调信息走向、明确信息传播、挖掘实物信息内涵的"信息主导型展示"阶段。从技术层面来看，随着"信息主导型展示"中对展示手段需求的不断增长和现代科学技术的飞跃性进步，各类展示手段蓬勃发展、日新月异。以一些新建的科学技术馆、地方史志类文博馆和美术博物馆为代表，不少文博馆陈列已然脱离了以往内容艰涩、说明深奥、片面说教、气氛平淡的静态展示形态，而转为强调陈列展示的传播能力和沟通能力，重视展示中由视觉、听觉、触觉所引发的种种创造性思考，以一种更为直观、感性的面貌来促进和推动观众的自我学习，从而使整个文博馆从一个藏宝的大仓库转变为一个信息充沛、易于利用的社会文化传播平台和终身教育机构。

可惜的是，无论在理念还是技术层面上，响应这一发展潮流的纪念馆还只是少数。更多的纪念馆陈列依然固守着传统的静态展示手法，对"以物为基础、以情报为目的"的"信息主导型展示"没有清晰的认识，对各类展示手段的引进也持消极的态度。许多纪念馆仍然停留在纪念品仓库、纪念地附属设施的初级发展层次上，没有与时俱进地进化成为一个能通过陈列展示去主动引导和诱发观众思考、实现预设传播目标的现代文化机构。

有鉴于此，作者觉得当下的纪念馆陈列应当从理念和技术两个层面上实现突破，以"信息主导型展示"理念为指导，以符合自身实际情况的现代展示手段为方法，从而实现纪念馆陈列的信息化和情报化建设。而在目前各类层出不穷的文博馆展示手段中，从纪念馆的特征和需求出发，作者关注到"实时传导"这一新型展示项目。这种传播力强、灵活度高、结合性广的新型展示手法，或许可以为各家纪念馆所借鉴和接纳，从而更好地推进纪念馆陈列的"信息主导型展示"工作和"大纪念馆"的总体建设目标。

以下，本书具体探讨一番"实时传导"展示项目在纪念馆中的应用。对许多纪念馆从业者来说，"实时传导"是一个陌生的名词，而在电视传播领域，这早已不是一个新鲜的概念了。我们日常所收看的比赛实况、颁奖礼直播等，其实就是"实时传导"技术在公共层面上的应用，我们习惯称之为"实况转播"。此外，互联网用户通过 QQ、MSN 和 SKYPE 等软件进行视频语音聊天，也可以视作"实时传导"技术在个人层面上的应用。而在纪念馆中"实时传导"技术的应用，则是一种被称为"远程信息实时连接传导"的展示项目，具而言之是指通过高科技信息手段将不同地点纪念馆的现实空间连接起来，实现馆际的信息即时传送。

试想，如在上海中共一大会址纪念馆门前竖立起一块信息屏，观众可以即时收看到嘉兴南湖纪念馆的实况景象，通过上海中共一大会址的真实空间和嘉兴中共一大会址的虚拟空间，上海观众获取到了上海和嘉兴同一主题、两个会议会址的重叠信息，让游览一地的观众能更大程度地了解到中共一大的历史和两馆的现况。此举不仅弥补了展览的物理空间无法完全构筑起中共一大全貌的遗憾，也在某种程度上打破了纪念馆中真实和虚拟空间的隔阂。

"实时传导"展示项目的出现和应用，对纪念馆陈列的信息传播而言具有革新性意义。如同语言文字的出现解决了人类社会的代际交流，减少了时间跨度所造成的信息流失，祖辈的思想通过语言文字不断流传给后人，纪念馆中的展品也起到了同样的作用，将时间凝固在实物之上，后人通过调查、研究和展示实物，将以往社会的情况、前人的模样真实地反映出来。而电视媒体的出现则解决了人类社会的空间隔阂，减少了空间距离所造成的信息不畅，大洋彼岸的实况通过电视屏幕即时地展现在眼前。纪念馆中的"实时传导"展示项目之于陈列信息传播，即等同于电视媒体之于大众传播的作用，它将一个个散落在各地的信息点通过高科技手段连接起来，打破了纪念馆陈列中的空间局限，让观众通过即时实景而不仅仅是文献、照片和文字来摄取相关信息。

此外，诸如重庆"红色联线"之类的纪念馆群参观路线是通过观众自身的移动来实现地区内各个纪念馆之间的联合展示，展馆不动观众动，在物理空间的联合纵横上实现信息交流，而"实时传导"展示项目则是通过技术手段的应用来贯通地区、国内乃至世界各地纪念馆之间的联合展示，观众不动展馆动，在虚拟空间的联合纵横上实现信息交流。因此，从压缩物理空间距离和增强虚拟空间联合这两个角度来看，"实时传导"展示项目无疑是纪念馆陈列进一步适应信息化社会、加强自身信息传达能力的一大革新方式。

对于纪念馆陈列来说，"实时传导"展示项目的优势在于大幅度提高了信息内容幅度和信息传播能力。第一，"实时传导"展示项目实现了馆际的联合纵横，增强信息的交流互动。无论是上海中共一大会址纪念馆和嘉兴南湖纪念馆这样首尾相衔接的事件类纪念馆，还是全国各地遍布的毛泽东纪念馆、周恩来纪念馆等人物类纪念馆，对于拥有众多"同类馆"现象的纪念馆而言，"实时传导"展示项目的接入是一种互补有无、强强联手的展示手段。推而言之，拥有同一主题的纪念馆，无论地处何方，相隔多远，都可以通过高科技信息手段实现联合。从这一点来看，"实时传导"展示项目更轻松地实现了"见一知十，游一思无穷"的纪念馆展示，让信息化社会中的纪念馆陈列迈入"集体展示""同步展示"的新时代。

第二，"实时传导"展示项目能有针对性地延伸和自由地变换展示内容，从而即时性地大幅度提高相关信息的传播能力。和展版、灯箱、场景等不同的是，"实时传导"展示项目在固定设施的基础上，可以根据需要自由而迅捷地变换所展示的内容。对于陈列来说，"实时传导"展示项目就如同网页上的一个链接点，点击后转向新的网页内容，而一旦更换了关键词和链接点，网页内容也会相应不同。无论是在基本陈列还是临时陈列中，这种自由度和张力的存在对纪念馆而言，无疑是配合特殊纪念日主题活动、增强展示鲜活度的有效手法，从而有利于实现主题先行、信息主导的陈列展示。

第三，"实时传导"展示项目在物理空间上进行虚拟空间的重叠，拓展了纪念馆原本有限的展示空间。许多纪念馆囿于场地面积，无法进行大规模的陈列展示，在占地、资金等条件上无法达到"纪念类大馆"的要求。而信息化社会中，"大纪念馆"建设所强调的不再是硬件标准，而是巨大的信息传播能力，以大量的情报交流和信息产出来衡量一个纪念馆的社会价值。从这一角度出发，"实时传导"展示项目的导入，对场地空间、资金条件有限的纪念馆来说，无疑是一个适宜的选择。纪念馆作为一个"趣缘"的情报集中地和信息中心所在，通过"实时传导"展示项目来全方位、多角度地链接纪念对象的相关内容，让广大公众获取到感兴趣的知识和信息，从而实现自身的"情报"功能。

当然，当纪念馆建设"实时传导"展示项目时，需要加以关注和解决的一些问题也会随之产生，这主要涉及展项建设目的、技术成本和运行规划三个方面。

第一，纪念馆首先要进行展项的必要性论证，明确引进"实时传导"展项的目的何在。对纪念馆陈列来说，任何一个展项的引入，都应首先考察、论证和探讨展项的设置目的。是真正出于自身陈列主题、展示内容的需要来引入"实时传导"，还是仅仅为了突显高科技、炫耀手段，或不愿逊于他馆而设置这一项目？如果没有清晰的设定目标，为了"实时传导"而"实时传导"，为了热闹而"实时传导"，那么这个展项的建设对纪念馆而言，大约就等同于多放置了一台电视机而已，无法体现出其提高陈列信息传播能力的关键意义所在。

第二，纪念馆要进行展项的可行性论证，综合考虑实际情况和成本支出，合理配置"实时传导"展示项目。乍看之下，"实时传导"展项的设置非常简单，只需确定传输目标、架设传输线路、投影传输内容即可，但其中每一步的构成，都需要合理的规划和有效的技术支撑。例如，在确定传输目标时，应包括哪些地点，覆盖哪些对象，需要征得哪些部门和方面的允许？而在投影传输内容时，究竟是采用小型显示屏还是大型投影墙，需要多大的分辨率，是否需要进行实时场景切换？这些都需要经过缜密而科学的可行性论证。而最大的问题还在于架设传输线路这一点。纪念馆"实时传导"技术和电视台"实况转播"技术不同，后者所采用的卫星直播和光纤传输技术成本非常高昂，纪念馆无法和电视台所拥有的财力和人力抗衡，因此通过卫星直播和光纤传输技术来实现国内、世界各地纪念馆之间远距离、长时间的信息共享和实时交流，在一般纪念馆所能运筹的资金范围内是一件非常困难的事情。而普通网线有限的传输能力，则在很大程度上限制了图像的传输率和清晰度，削弱了传输信息的即时性、流畅度和感染力，让"实时传导"展项的意义和魅力都打上折扣。这是纪念馆在采用"实时传导"展示项目时，需要直面的一大技术问题。

目前，互联网新一代高速网线的研发，或许可以为这一难题的解决提供新思路。2020年2月，NTT（日本电信公司）和NHK（日本国立电视台）共同开发的"超级视景"（Supervision）高清晰传输系统首次成功地进行了"东京—伦敦"的越洋试验，该系统利用新一代的高速网线，以现行传导技术16倍以上的数据量，将两地的街景在275英寸的大屏幕上进行即时播放，为将来以高速网线取代卫星直播和光纤传输技术、进行异地图像的高清晰传输打下基础。纪念馆和技术研究者也应积极关注互联网新一代高速网线的研发和应用，更好地利用网络技术消除技术屏障，在降低"实时传导"展项成本的同时，提高展项的临场感和展现力。

第三，在确认展项建设的必要性和可行性后，纪念馆应尽早启动"实时传导"展示项目的运行规划。虽然对已成型的陈列来说，再增设一个"实时传导"展项并不会破坏陈列的整体平衡，但有条件的话，还是应该尽量在纪念馆新建、改陈规划初期就开始"实时传导"展项的运行规划，力求使其融入展示，更大地发挥自身效应。出现在陈列参观中及之前和之后的"实时传导"展项，其传播信息即便一致，传播意义和传播效应也是完全不同的。更何况"实时传导"展项还能结合展品实物和其他展项，作为展示组合的一部分出现，以展示组合的群体效应来打造更为有力的信息合力。因此，应当尽量在筹展阶段就将"实时传导"展项的设置提上议程。

在"实时传导"展示项目运行规划的具体操作上，主要应考虑到展示内容、传导构成、展示形式、投影手段四个方面。

首先，在展示内容的选择上，主要包括馆内实景、同类馆相关实景和主题型相关实景等。馆内实景"实时传导"主要应用于故居旧址与展厅分离的纪念馆和建有分馆的纪念馆，由于时间、天气和保管等限制条件而无法整体参观纪念馆的观众，可以通过"实时传导"展项，弥补参观时的遗憾和不足。

同类馆相关实景"实时传导"是各地同一人物或事件纪念馆的联合展示。在确立陈列主题时，这些纪念馆应当尽量避免"撞车"现象，但在具体展示之中，又应当适时适地进行"链接"。例如，在人物工作地所建造的纪念馆，涉及人物出生、逝世内容的展示部分，可以"链接"出人物出生地、逝世地及其纪念馆的实景，在突出重点的同时，尽可能把人物的全貌表现出来。以广东中山市孙中山纪念馆为案例作一设想，在孙中山诞辰日，可"实时传导"伟人出生地的翠亨镇翠亨村的景象；在每年忌日，可"实时传导"伟人逝世地的孙中山逝世纪念室（孙中山行馆）、北京市孙中山纪念堂、孙中山衣冠冢等地实景。在举办以展示宋庆龄业绩为主题的陈列时，"实时传导"宋庆龄和宋氏家族的相关纪念地实景，如上海宋庆龄故居、宋庆龄陵园、北京宋庆龄故居、重庆宋庆龄旧居、海南宋氏祖居等。或在介绍孙中山海外革命活动为主题的陈列时，"实时传导"檀香山、纽约、旧金山、伦敦、河内、西贡、新加坡、横滨、东京、长崎、神户等地遗迹。总之，根据展示主题、特殊纪念日的不同信息导向，"实时传导"展示项目可灵活应变地更换链接对象和展示内容，从而让纪念馆保持一种常见常新的姿态，让纪念馆陈列以往一成不变的形象有所改善，更好地吸引观众进行多次参观。

主题型相关实景"实时传导"则是同一主题纪念馆及相关地点的联合展示，更进一步强调了主题先行、信息主导、策划为上的展示理念。例如，哈尔滨侵华日军第七三一细菌部队遗址、抚顺平顶山惨案遗址、南京侵华日军大屠杀遗址和数千公里外的波兰奥斯维辛集中营遗址，作为人类社会惨案的共同见证地，这些展馆之间一旦实现"实时传导"展示项目的联合运行，其集体主题的展示意义和说服力无疑会呈几何倍数般地增长。主题型相关实景"实时传导"展项最具有自由度和展示张力，可以说眼光和切入角度决定了陈列的意义和高度，因此也最考验陈列担当者的策划能力。

其次，在传导构成的选择上，主要包括单向型传导、双向型传导、多向互动型传导等。

进行"实时传导"时，可以在 A 地单向传输 B 地实景（单向型传导），也可以在 A、B 两地同时双向传输对方实景（双向型传导），甚至在多家纪念地、纪念馆之间开展多向互动的实景传输（多向互动型传导）。最理想的当然是多向互动型传导构成方式，但应具体考虑到陈列的展示目的、投入成本和应用技术，依据实际情况和客观条件选择传导构成方式。

再次，在展示形式的选择上，主要包括全景式展示、定点式展示、切换式展示、菜单式（互动式）展示等。

全景式展示主要从鸟瞰式的角度来一览传导对象的全貌，主要传输给观众一个大致的轮廓印象，比较适合展示南京中山陵这样一类开放型场景。定点式展示则定格于局部和细部来展示传导对象的具体细节，主要让观众能够细致观察传导对象，比较适合展示上海大陆新村鲁迅故居这样一类名人旧居的内部场景。切换式展示则是在全景和局部之间来回切换，比较适合展示嘉兴南湖纪念馆这样既有外部湖面风光、又有内部船体场景的地点。菜单式（互动式）展示则是进行多向互动型传导时，允许观众通过自行选择，在多个传导对象之间切换场景的展示形式。

最后，在投影手段的选择上，主要包括大屏幕、小屏幕和场景嵌入式屏幕等。大屏幕一般设置在纪念馆园区、展厅入口处和尾厅出口处等地，以一种独立的大型展项姿态出现，强调总体气势和深刻印象。小屏幕则主要出现在实物、说明和"实时传导"相结合的多重展示组合中，以一种辅助型展项的姿态出现，以实物为出发点，传输出实物相关实景的链接信息，根据实际需要可以设置多块小屏幕，投影不同内容。场景嵌入式屏幕则进一步和场景、模型等其他艺术品展项结合，如随着弧型幕电影播放与复原景观演示多媒体组合技术联动程序的推进，对比展现旧日社会的黑暗和今日社会的美好，营造跌宕起伏的参观体验，共同发挥陈展艺术的魅力，让"观众在特定的距离范围内，置身于巨大的临场氛围之中，感受事件的主题"。

虽然"实时传导"展示项目在日常社会大众传播中已不是一个新鲜事物，然而作为一个展示项目走进纪念馆却是一个全新的尝试，这是信息化社会发展中纪念馆理念和技术不断进步的一种表现，也是纪念馆陈列提高自身信息传播能力的一大举措。这种传播力强、灵活度高、结合性广的新型展示手法，突出主题先行、信息主导的展示理念，强调策划者的能动性和策划水平，完全可以有更大的应用空间和更多的表现方式。笔者对"实时传导"展示项目的这一番介绍和初步构想，权作引玉之砖，以期更多有识之士参与其间，为当前的"'大'纪念馆"建设工作添砖加瓦、鼓风助火。

二、实现数字化建设——以美术馆为例

（一）数字化建设概述

数字文博馆是依靠现代数字空间技术，依靠现代高科技建立的新型文博馆，

主要体现在运用虚拟现实（Virtual Reality）、增强现实（Augmented Reality）、计算机网络、立体显示系统（沉浸式虚拟场景）、互动娱乐、特种视效等各项新型数字化技术，从而将现实存在的真实博物馆的三维立体图像完整应用于网络上的高科技文博馆。

为了促进地方文博事业发展，发挥地方文博功能，满足人民精神文化需求，提高人民思想道德和科学文化素质，我国也出台了相关的全国性法规文件，这是在新的国际国内环境下，中国政府立足于国际数字化新技术变革大势，做出的全面提升中国制造业和文博发展质量和水平的重大战略部署。数字化文博，旨在提高传统文博的教育、研究和欣赏功能，运用现代信息技术，开展形式多样、生动活泼的社会教育和服务活动，实现文博教育与教学相融合。数字化文博是开展创新教育和提高人才培养质量的重要途径，通过数字化文博，文博可以参与文化建设和对外文化交流与合作，挖掘藏品内涵，又可以与文化创意、旅游等产业相结合，开发衍生产品，达到促进文博发展的效果。

在文博馆领域，现代数字化博物馆已经是研究、教育、宣传和普及科学文化艺术知识，提高广大群众以及普及国民知识的一种途径。博物馆的数字化建设已经成为新时代潮流，具有广阔的发展前景。

1. 文博馆数字化技术

文博馆数字技术是指以数字信息形式保存文物藏品的图像、文字、音视频等数据信息。随着互联网、人工智能及计算机数字技术理念的普及，目前逐渐形成了数字文博馆、虚拟文博馆、智慧文博馆等概念。综合来讲，数字文博馆是把数字技术应用在文博馆工作的各个方面，如藏品的收集、保存、传播和展示上，它突破了人、时间、空间、地域、信息在传统意义上的限制，对实体文博馆的开放人员、地域、时间和空间进行延伸和拓展，实现了任何人在任何时间、任何地点，都能获得想要获取的信息的目的。数字化文博馆可以突破空间、时间、地域的限制，所以发展地方文博馆数字化技术的优势很巨大，潜力也是无穷的。

2. 文博馆数字化技术优势

地方文博馆的数字化技术有效提高了藏品资源的开放与共享程度，突破时间和空间位置的局限，通过网络连接的数字文博馆彻底打破了实体文博馆地理意义上的距离概念，观众只要具备网络条件，就可以远距离访问任何地方文博馆的藏品信息。文博馆数字媒体技术具备了"任何人在任何时间、任何地点可以浏览虚拟文博馆"的特征，无论参观者来自世界的任何角落，且无论是在开馆还是闭馆期间，观众均可以借助网络浏览地方文博馆的数字资源。地方文博馆的数字化有以下几个优势。

第一，实现了文物电子化、数字化。将文物数字化之后，既可减少文物展出需要的各种资源，又不被时间、地域限制。对文物信息进行三维处理，生动直观，计算机高科技技术能使文物更加清晰细微，方便鉴赏。

第二，可以长久保存文物。某些文物一旦损坏便不可再次还原，随着时间的流逝，文物可能消失，比如碑刻类文物。通过文物数字化后关于实物的照片、文字、形体等信息可永久保存，对于人们来说研究意义重大。另外，固定的文物数字化后便可在任何文博馆展出，并且那些已经消失的文物也可展现，还可以将文物在久远年代中产生的变化系统分析呈现。

第三，文博馆的资源共享。通过数字信息技术处理，文物的信息资料可以进行网络共享，这种便捷的共享有利于科学研究，研究者可以更便捷地在网上实现比较研究、线索梳理的工作。

第四，激发人们的兴趣。近年来，VR、AR 等技术的发展，带动了文博馆数字技术的飞速发展，将文博馆内的静态文物信息以可视化、生动活泼、直观的方式显示出来，吸引更多的人来关注，反过来再促进深入发现，周而复始，这样的良性循环可以更好地促进文博馆事业发展。

3. 运用数字化技术的意义

"文博馆不仅仅是娱乐、接触艺术和丰富生活的场所，更是我们发展重要的知识，并且应用审美的体验来思考个人和文化价值观的场所。"这是王红媛老师对中美艺术文博馆在教育领域的总结，足见文博馆教育对社会的意义和影响。目前文博馆数字化是对传统文博馆教育的辅助和扩展，它具有以下意义。

（1）数字化是现代人工智能技术及文化事业发展的必然结果。科技发展日新月异，文博馆也要适应潮流，与时俱进。近年来的 VR、AR 等虚拟现实技术以及现实增强技术，具有把整个文博馆、遗迹、文物三维成像，同时满足 360 度观看，随时放大缩小的功能。新技术赋予了文博馆新活力，数字展厅的建立，符合当今社会的发展趋势。文博馆数字化技术教育体现了学习的趣味性、娱乐性，学生自愿与自我导向，以学生的兴趣、好奇、探索、幻想、互动为出发点，从而产生学习动机，在玩乐中感受文化陶冶。借助数字化技术，文博馆教育活动可以像游戏一样让人产生强烈的新奇感、兴趣感和刺激性，让人感到愉悦。不但在展现形式上生动、立体、全面，而且在宣传上低碳、环保、节约成本，教育效果十分明显。

（2）文博馆数字化是现代化管理的必然要求。文博馆数字化即使用网络化办公，突破了时空限制，交流的信息量增大的同时，耗费的时间大大压缩，切实提高了工作效率。同时数字化后借助网络进行文化交流，实现了高速、高效的现代化办公管理，节省了人力、物力、时间和空间，起到了优化成本和工作网络系统的作用，这些都可以促进文博馆事业以及文博馆管理的飞速发展。

（3）文博馆数字化有利于文化的快速传播和信息交流，提高了文物的展出率和展览效果。通过数字化，文博馆可以利用虚拟的空间、图像及声音等多媒体技术进行网上展览，而不必拘泥于传统展览的时间和空间限制。尤其对于某些精美的临时展览，可以利用数字化技术长期保存，突破了时空的限制。文博馆数字化使传统的文博馆物理空间虚拟化，手续简化，且方便群众参阅，节约了人们的出行费用。文博馆数字化是虚拟和现实的结合，大量的数据通过计算机网络形成一个联机系统，节省了物理空间，利用文博馆的数字虚拟化，参观人员不用和文博馆的工作人员见面，通过网络就可以查阅文博馆内的各件藏品的数据、图片、描述、视频影像、三维模拟展示等详细信息，直观、生动、色彩感强烈。通过VR、AR 技术进行 3D 动态展现，这可以使观众拥有感性体验，弥补了传统展览形式单调、枯燥、观测范围不足的缺憾，还可以模拟再现馆藏文物资源当初的真实历史场景，使文博馆展览展示活动能够给人以身临其境的美好感觉，极大提高了馆藏文物资源展览展示活动的效果和教育意义，所以文博馆数字化不仅加速了文化传播和信息交流，而且大幅度提高了展出效率和效果。

（4）有利于普及教育。清末实业家张謇在 1905 年建立中国第一座文博馆——南通师范学校博物苑时，提出的建馆初衷是"使莘莘学子，有所观摩研究"。从历史传承来看，文博馆这个西方概念被引入国内时，最看重的就是它的教育功能，而中国最早的文博馆，也是一所高校博物馆，而文博馆的目的则是为高校教育服务，从一开始中国的文博馆就与高校融为一体，是重要的教育和研究机构。文博馆数字化教育还要积极履行公共文化设施职能，充分实现社会教育功能。地方文博馆借助数字化技术，可以全时段地向社会和公众开放，起到了普及大众教育的社会义务，有利于文化的快速传播，促进社会文明发展，同时反过来也可以吸引广大青年学生投入到数字化建设的队伍里来，积极投身数字化文博馆的建设，促进中国人工智能的发展。

（二）新时期美术博物馆的运营对数字化的需求

如今中国的发展，美术馆行业的发展，远远超出我们的想象，虽然我们是国内美术馆中较早进行数字化实践的，但也只勉强跟上时代的步伐，所以无法严格按照先后顺序来搭建我们的数字化架构。

在场与在线是新旧美术博物馆两者的不同形态，前者是实体空间的收藏和展示，后者是虚拟世界全新视觉和信息的呈现。传统美术博物馆的优势，在于观者与藏品的直接感受和审美体验，无论虚拟世界的"逼真"程度如何，都不可能取代置身实体美术博物馆的审美体验。但是，我们也应该注意到正是受制于实体的空间和时间两大因素，实体美术博物馆的经验是其优势，而与虚拟的无限时空世界相比，优势不经意间便成其不足。"在 20 世纪最后十年的全球化及新博物馆学趋势下，博物馆展示不再只取决于单一对象、美学式的或是知能的传递，相对地，展示透过利用'体验'多重知觉，缩短观众与展品之间的距离，跳脱传统视觉美感的单一效果，运用新科技更让身体的五感同时运作，用身体记忆来学习与了解博物馆知识传递的精髓。"当前数字美术博物馆的建设主要体现在虚拟时空和办公室、管理系统、藏品管理两大领域。前者面对的问题是公众教育，后者则是美术博物馆自身的规划和完善。虚拟时空的构建又可细分为多媒体、网页、三维虚拟等。它们不仅拓宽了传统美术博物馆的外墙，也试图解决新时期美术博物馆运作过程的效率过低、人员和资源管理滞后等一般性问题。

1. 公众的要求

当代社会，美术博物馆参观民众的身份和阶层日益多样化。以学生、爱好者、专业研究人员构成的主题参观团体正在逐渐扩大到整体公众。伴随参观公众的扩展，观众对美术博物馆获取知识的途径，以及所获的知识也提出了多样化的要求。美术博物馆不再只是一个充斥着问题的空间或是艺术品陈列的实体。美术博物馆应当透过技术的革新，与观者建立起全新的互动关系。网页、虚拟美术博物馆、移动终端构成了新时期信息传播和流通的主要手段。"在国内，故宫博物院的网站做得尤为突出，2001 年 7 月建成后，采用了专线接入及独立的服务器，平均每天的点击率为 70 万次，最多的一天点击率达到 360 多万次，目前号称世界最大的公益性文化网站。故宫博物院网站里面的'网上海博物馆物院'每月都推出一个展览，目的是让更多的观众通过上网了解故宫的藏品和文物。"这样一个简单的数据足以说明信息传播的优势。信息化的时代，公众阅读习惯的改变已成事实。

"米尔基克（2004）在他的'博物馆与网络 2004'中列举了一系列网络展览所具有的教育性再造及修改；易于搜索、分类和再分类；具有匿名性和冠名性；更接近大众；可形成新的社交性群体以及留有历史记录。毋庸置疑，万维网是一个建基于非独占性理论的无层次环境，当网络与教育结合得越来越紧密，多种媒体如文字、影像、声音等元素自然地在一个开放性的环境中结合在一起，每一个学习者都能进行尝试和构筑他们自己的学习体系。"崭新的学习体系警示我们美术博物馆需要作出积极的转变，公众的美术博物馆印象已经不全来自于实体建筑空间的经验感受。网络世界中的文字、图像、声音、动画等皆可形成不同于传统美术博物馆的观感，从而构建起公众自己的个性美术博物馆。

2. 空间与展示

美术博物馆公众教育的深思熟虑不仅体现在实现公众方面的多样化诉求，也应当从美术博物馆自身出发，主动寻求新观念、新技术之下的展示空间。"今日的博物馆展示已不再局限于文物陈列及公开展出对象，而是更积极地借助其他媒材来增强并辅助展示的可能性与可及性，并注重展示机能对展品保存维护的安全性、观众使用的亲和性及便利性、维修处理的方便性等辅助效益，发展出更多元、丰富的展示面向。"我们必须重申，虚拟美术博物馆，或是数字美术博物馆建设的目的不是要取代实体美术博物馆的存在，而且也不可能。事实上，数字美术博物馆的根基必须依赖实体的美术博物馆。虚拟时空的出现，乃是出于公众教育和美术博物馆形象信息时代的现实。它能很好地解决我们先前所谈论的实体美术博物馆的不足，也能深化展览的视觉效果。

美术博物馆与新科技的结合还营造出"远程教学""多媒体的展示""无限时空"等。二维码技术的运用，使观者获得传统展示平台所不具备的丰富信息，以及缺失的"情景"。虚拟的技术令一些展品，诸如建筑、废墟、岩画、石刻、墓葬等不可能被移动的特殊展品透过技术的运用变得可自由移动。此外，细节的观摩也是传统展示所不能给予的，青铜重器、瓷器、精微的工艺品，皆因传统封闭独立的展示空间而失去"把玩""品鉴"入微的机会。数字技术的强大在于它的目的不是取代某种展览形式，而是利用艺术和科技营造出更优的展示时空。全球信息网络、信息技术的革新，创造出新时代的时空与社会形态。世界范围内的文化体系、各类型的思想、迥异的价值观念，不再受到时空的种种制约。

（三）政府对文博系统的政策与扶持

文物是不可再生的文化资源和战略资源，蕴含着中华民族的生命力和创造力，传播着中华民族的文化基因，体现着国家的文化软实力。博物馆事业，事关文化传承和社会发展、文明进步，事关国家安全、国家形象。

国家在"十二五"规划中提出，要让文化产业上升为支柱产业，基本扭转文化产品出口逆差，打造具有国际影响力的文化会展、节庆活动等，显著提高中国文化产品的国际影响力。国家博物馆行业也根据国家"十二五"规划制定了行业规划，把重点放在了文物的数字化保护和修复、数字博物馆建设以及博物馆展览展示上。由于博物馆事业是文化产业中重要的组成部分，国家为其发展制定了相应的政策并进行一定力度的扶持。要实现博物馆事业"十二五"规划的目标，最重要的是要采取科技创新推动战略和文化"走出去"战略。先进的科技文物的数字化和修复以及数字博物馆建设的根本前提，能从根本上改变我国博物馆行业核心竞争力不强的状况，走出传统的桎梏，实现自主创新。同时，对外文物展览交流是传播历史文化的重要途径，是展示国家形象、提高文化软实力的有效手段。坚持文化"走出去"战略，有助于提升国家文化软实力，扩大中华文化的对外影响，促进国内博物馆事业与国外的交流和学习，把博物馆打造成为国际交流的重要窗口。

首先，大力发展科技，实现文物的数字化保护和修复，可以保障博物馆事业的长久生命力。其次，可以在博物馆展览展示方面创新展示内容和展示方式。文物通过陈列展览直接面向国际社会和公众，实现其社会作用和价值，将推动博物馆相关文化产品和服务的出口。最后，通过数字博物馆建设实现传播手段的创新。现代科技的日新月异为传播手段的创新提供了条件，人民群众的需求变化为传播手段的创新提出了要求，要适应数字技术，快速发展的形势，认真组织实施"数字博物馆计划"，加快网上海博物馆物馆建设，特别是借助全国文化信息资源共享工程和远程教育网络，使博物馆文化辐射广大城镇、农村和边远地区，不断延伸博物馆的传播和服务。

运用高新技术能够创新文博馆行业的发展方式，培育新兴文化业态；实施文化"走出去"战略，可以加快构建传输，快捷、覆盖广泛的文化传播体系，提高文博馆行业的活力与竞争力。

除了制定相应的政策外，国家在财政上也对文博馆行业进行了支持，今年年初中央财政新增经费18亿支持博物馆等免费开放，并将陆续投入资金对博物馆数字化进行建设。

在此，我们以深圳市为例，就一个具体城市对数字美术文博行业的政策支持进行分析，力求达到窥一斑见全豹的效果。

深圳作为一个走在中国经济发展前列的活力城市，敏锐地预见到了文化的重要性，《深圳市文化发展"十二五"规划》提出，要建成一批标志性文化设施，显著提升公共文化服务和产品的供给能力，形成结构合理、发展平衡、功能健全、实用高效、惠及全民的公共文化服务体系，力求使主要文化服务指标领先全国，文化民生福利水平显著提高。其中对博物馆事业的政策与扶持包括以下内容。

一是提升公共文化信息服务水平。适应信息化建设的需要，实施数字文化工程，加快建设数字图书馆、数字博物馆、数字美术博物馆和网上剧场，形成资源丰富、技术先进、服务便捷的公共文化信息资源共享系统和网络服务平台。完善公共文化场馆服务和品牌文化活动服务指引，健全文化活动信息定期发布制度，为市民提供及时便捷的公共文化信息。

二是提高公共文化服务。进一步提升公益性文化事业单位和文艺团体的文化生产和服务能力，深入开展"四进"社区等公益文化活动，倡导积极向上的精神追求和健康文明的生活方式、完善公益文化场所的免费开放机制，确保公益文化场所主体部分用于公益事业，完善服务公示制度，公开服务时间、内容和程序。建立高效的公共文化服务运行机制，推动科研机构图书馆等文博机构向社会开放，推进区域之间、行业之间公共文化服务资源整合利用。制定实施基层文化人才队伍建设指导意见，完善机构编制、学习培训、待遇保障等方面的政策措施，推动设立街道社区公共文化服务岗位，探索建立基层文化协管员队伍，在基层文化单位实行雇员制和员额制，充实基层公共文化服务机构人员，建立和完善公共文化服务绩效考核机制，畅通市民参与服务决策与绩效评估的渠道，推进各级各类公共文化服务机构进一步明确功能定位与服务目标，提高服务效能。

三是大力发展博物馆事业。进一步推进博物馆事业发展，完善博物馆的爱国主义教育和国民教育示范基地功能。不断完善深圳博物馆常设展览，丰富馆藏内容；加大对引进精品文物展览的扶持。探索建立深圳博物馆分馆。完成博物馆老馆改造工程，鼓励和扶持民间博物馆发展，支持专题博物馆、纪念馆和特色博物馆建设。

（四）关山月美术馆数字建设规划需求

2011 年，关山月美术馆被评为首批国家重点美术馆，这是一份荣耀，同时也是一份压力。关山月美术馆开启数字化的规划，是科技与文化相结合的一次新挑战。数字美术博物馆的发展需要战略和系统规划，注意数字资源的可持续性，尽快构建起动态数字管理平台、藏品信息库、藏品保护系统等，利用数字化技术为社会公众提供优质、及时的个性化服务。

目前，关山月美术馆在组织形式、场馆建设和使用等方面，都与西方国家常见的公益性美术馆或博物馆非常类似，而在硬件设施和藏品方面，受益于场馆较新以及政府部门的投入，还要优于西方国家的大多数地方性美术馆。尽管在数字化建设上关山月美术馆起步较晚，但是世界各地其他美术馆的数字化建设也都还处于研究、摸索和尝试阶段。通过整合利用近年来信息技术发展的前沿成果，在深圳市政府大力扶持文化产业的环境中，关山月美术馆希望可以通过一次彻底的信息化改造，一跃成为国内乃至国际同类美术馆中数字化建设的先行者。

关山月美术馆计划利用三年到五年的时间，构建起优质的数字化公众服务系统，更好地弘扬和分享关山月的艺术和文化成果，吸收外来有益文化，为对外开放格局增加科技力量，也为积极开拓国际文化市场，促使新文化"走出去"模式增加中国文化的国际竞争力和影响力。

关山月美术馆数字化公众服务平台建设项目的建设内容如下。

一是硬件基础设施建设。硬件是所有数字化项目的基础，包括计算机机房建设，服务器设备、网络交换设备、网络安全设备、存储及备份设备购置等。在互联网时代的初期，昂贵的存储空间、苛刻的安全环境导致硬件投入往往占用了绝大部分的经费。而在移动时代的今天，硬件已经不再是馆建设的重点了。打个比方，硬件就像一个舞台，只需要提供最低限度的存储空间和计算能力，在这个舞台上，程序和数据才是主角。最突出的例子就是手机市场上的苹果，它的硬件不见得是最先进的，但是它有最好的程序市场和内容提供者，仅这一点，足以让其立于不败之地。

二是基础数据与系统服务建设。所谓基础数据，是指每个行业信息化过程中所涉及的一系列元数据的集合。具体到美术馆，就是浩如烟海的艺术评论、作品图片、行政档案等。信息化过程，是一个高效存储信息的过程。之前，实体文本的各种缺点，如不便保管、难以归档、不易索引等等，影响了数据的运用。而将其转化为信息化的文件，这个过程生成的数据文件，就是我们的基础数据；而完成这个过程的系统，就是数字化的基础服务。艺术档案、藏品管理信息系统（包括藏品编目管理、藏品保存管理、藏品征集研究管理、多媒体资源管理、专业辅助及系统功能）、办公综合管理系统（包括公文管理、会议管理、车辆管理、后勤保障、展览管理、公共信息管理、个人办公管理7项功能）等，都属于基础服务。

（五）线上内容提供，线下展览辅助

基础信息系统设备完备的情况下，数字化才能触及美术馆的核心：展览。

全球化、网络时代的冲击下，美术馆只有充分利用各种高科技手段，会上提供内容引导，线下辅助参观体验，才能够最大程度地利用自身的资源为观众服务。而这两方面目前的前沿，就是虚拟展览和虚拟展品。

实物展示虽然有其唯一性和历史价值，但是在没有专业知识的情况下，绝大部分观众是无法完整理解作品的精髓的。虚拟展示综合运用图像缩放、文字说明和声音解说手段，为观众提供了丰富的感官刺激和海量的信息，既克服了实物展示手段单一、缺乏启发性的缺点，又有利于观众充分地理解藏品，充分弥补实物展示的不足。

三、互联网时代多媒体的应用

（一）音频技术

长期以来，人们在文博馆的陈列设计中过多地偏重于视觉效果，而忽略了声音系统的设计。其实，在现代的陈列展览中，声音是一种非常好的表现手法。作为一种最基本的多媒体技术，音频技术在文博馆陈列中的应用最为广泛。该技术介入文博馆陈列后，使古板的陈列第一次有了生气，从听觉上强调了陈列内容，使参观者产生亲历其境的感觉。一个良好的文博馆声音系统设计，应该考虑以下三个方面。

要服务和服从于陈列内容和形式设计的需要。作为文博馆展示的一种辅助手段，声音系统的设计必须完整和生动地宣传展览主题和内容。通常，声音在陈列设计中主要分三个类别：叙述性的介绍、音乐以及营造氛围的声响。三者可以整合在一起，也可以单独为内容服务，但最终目的都是使陈列更加形象化地展示在观众面前。

一般叙述性的介绍可以通过"朗诵""旁白"等语音方式传递给观众。以毛泽东同志的纪念馆为例，可以尝试以第三人称的方式叙述主席从少年时代到老年时代的主要故事，通过一条清晰的主线纵贯主席的一生，少年的不羁与叛逆、青年的积极向上、中年的戎马生涯、老年的忧国忧民都可以通过声音的不同处理来体现，或轻松活泼、或激扬奋进、或沧桑惆怅。尽管叙述性的语言本身就能带给观众情感上的冲击，但长时间的叙述会给观众带来繁琐拖沓的感觉。如何在陈列设计中处理和避免这种现象？作者认为可以结合轻缓的音乐，来调动观众的情绪波动。例如，在陈列战争情景中采用激昂亢进的音乐，瞬间带领观众进入炮火纷飞的战场；在描述主席与儿女的天伦之乐时采用抒情的音乐伴奏，让观众轻松地走进主席平凡的家庭生活。

声音设计要服务和服从于陈列内容和形式设计的需要，巧妙地与陈列场景相整合。声音环境就像纽带一样可以串联起整个陈列。当观众还沉浸在上一个展品的故事中，巧妙的声音环境变化就恰到好处地提醒观众该进入另一个故事了。

要考虑设施设备的运用和维护。众所周知，良好的声音展现不但要求恰到好处地设置系统参数，还需要稳定的平台支持。每天巨大的客流量常常要求我们的声音设备长时间超负荷运转，因此，音响系统必须要考虑设备的稳定和耐用性。

现今主流的音响系统不再是过去单一的声音输出，取而代之的是一种复杂的声音系统库，其中包括环绕、低音、重音等一系列增强声音效果的因素，所有这些只有通过恰当的设置和稳定的平台，才能最终传递到观众的耳中，带给观众一场听觉盛宴。如今，先进的音响系统基本上都是通过数字化处理，由电脑主机程序化控制，通过电脑设置，把声音系统调节到最合适和最稳定的状态。

当然，在陈列设计中，还有部分声音系统是观众可以直接接触的音响系统外部终端，例如耳机，可触摸的显示器等。这些设备对于观众来说，使用不当是极易损坏的，所以一定要选用稳定性高、易操作的设备，另外还要派专门的技术人员对其进行定期的检查，确保系统的稳定。

要考虑声音设计的安全系数。越高端的设备其电路布局越复杂，这就牵涉到电源、电线布局这些有关"电"的问题。在设计声音系统时，应尽量避免纷乱的电线布局，减少漏电等安全隐患。

总之，随着观众欣赏品位的提高，声音的运用必定在现代的陈列展览中占据重要地位。如何通过声音的作用增强陈列展览的渲染力，凸显自身特点是每个文博馆必须面临和解决的新课题。

以毛泽东遗物馆主席办公室灯光场景为例，彩绘天花营造出东方黎明破晓的景象，办公室窗口透出的灯光，让我们仿佛看到主席通宵达旦、废寝忘食的工作身影。当观众走近场景时，隐隐约约听到正在播放着的《东方红》歌曲，伴随着灯光和音乐的渐变，观众有亲临主席窗前的感受。另外，利用背景音乐设备，还可以播放有关信息，如组织清场、紧急疏散、寻人启事、失物招领等，使文博馆能够更好地为广大观众服务。

此外，文博馆的解说任务由讲解员完成，但讲解员只能对团体游客或比较集中的观众进行讲解；同时，观众对讲解员所解说的内容并不都感兴趣。针对这种情况，文博馆可以采取自助式的音频讲解方式，毛泽东遗物馆就采用了这一高科技的形式。观众可以租用一个类似无绳电话的音频播放器，在每一个展厅都可以接收信号，选择不同的语言收听解说，较好地解决不同层次观众对讲解的需求。

（二）影像技术

文博馆应用影像技术作为展示手段早已有之。最早进入文博馆的现代影像技术设备是电影，始于 20 世纪 30 年代。电视和录像机在文博馆中使用开始于 20 世纪 50 年代后期。我国在这方面起步较晚，但发展较快。目前，在我国许多文博馆的基本陈列、常设展览和短期专题性展览中，都应用了影像技术。影像技术作为文博馆中一种辅助的展示手段，可以在展厅以外的影像厅使用，以弥补图文陈列中想象性不足的缺憾，把观众带到一个在展厅中无法到达的时空，加深观众的理解。例如，韶山毛泽东同志纪念馆在介绍三大战役时播放经过剪辑、处理的三大战役的历史资料片，以我军将士英勇作战为主线，用三分钟镜头表现激战场面，让观众犹如身临其境。

合理应用影像技术，可以低廉的成本，达到良好的宣传效果。现在播放影像的设备有很多种：传统的录像带、VCD 影碟制作，虽播放成本较低，但效果不佳，一般只能达到基本的清晰度；电影的清晰度很高，但初期制作成本太高，且播放的环境空间、光线要求高，不易控制；最新的 DVD 技术配合大屏幕高清晰度电视或液晶投影仪可达 1000 多线的解析度，达到电影般的效果，可以满足各种陈列的需求，必将成为文博馆影像展示的首选设备。

（三）多媒体场景合成技术

多媒体场景合成技术是在影像技术上发展而来的。影像技术无论采用怎样的设备，总是属于陈列的辅助手段，一种活动的图形解说。为了充分发掘影像技术的特长，陈列设计者把影像这种多媒体技术融入展厅的陈列之中，将影像直接与复原场景或是文物陈列合为一体，使之成为陈列的主体，这就是多媒体场景合成技术。运用这种技术，可以逼真地再现陈列所诉求的实质，如环境、细节、历史片断、人物等图片、文字与实物所无法表达的内容。

（四）多媒体触摸屏技术

触摸屏导览技术作为一种最简单的、最有效的多媒体人机交互查询方式，随着计算机多媒体软件技术与硬件设备的发展，已经日渐成熟。使用者只要轻触屏幕上的图文，就可以查询到所需的信息。在文博馆、图书馆等以信息服务为主的公共场所应用多媒体触摸屏技术，可以充分发挥计算机的大容量、高速度、交互性等特点，展示大量的信息。利用多媒体技术，观众可以轻易地放大、缩小、旋转数字化的器物，或跟随视频、音频介绍进行欣赏。比如韶山毛泽东遗物馆在观众休息区运用了十多台多媒体触摸屏导览设备，把馆藏文物、展厅陈列内容、韶山概况等，以多媒体的形式，详实地展示在中外游客面前。

（五）多媒体网络展示技术

通过国际互联网络（Internet）来展示陈列内容正越来越受到现代化文博馆的青睐。在全球各个角落的人不必亲临文博馆，就可在网上通过 URL 拜访。

在网络上对文博馆的拜访可以随时随地进行。运用视频、音频压缩、三维实时着色、信息"流"传输、数据库等网络技术，将数字化的信息进行各种形式的编排、组合，使多种信息有机地结合在一起，突破传统的陈列展示方式，给观众带来更大程度上的参与性。观众可以自行选择器物或历史主题，对相关内容收听、收看，甚至对数字化的影像进行放大、缩小、旋转，以达到全面了解掌握的目的。观众还可通过超文本协议进行联想和信息资源的非线形连接，自行变换、创造自己感兴趣的陈列主题，而不必局限于馆方按"群体需求"发布某类信息。世界上已经有许多知名的文博馆在互联网上建立了数字化博物馆，如大英文博馆、德国历史文博馆等，著名的芯片生产商 Intel 公司为了展示自己的芯片及互联网络技术，甚至把整个虚拟的三维故宫博物院搬上网络。这些文博馆很好地利用了馆藏优势和网络技术，界面精美，内容丰富。国内不少大型文博馆，如南通给排水技术文博馆、河南文博馆、秦始皇兵马俑博物馆等也开始在互联网上建立数字化文博馆。

充分应用多媒体技术，可以使文博馆的陈列达到一个新的高度，极大程度地调动观众探索的积极性，强调观众的参与性与陈列的信息性，促进文博馆的现代化建设，使之向更高水平的"信息化文博馆"方向迈进。

四、互联网时代地方文博衍生品的宣传与推广

事实上，文创产品也为博物馆的宣传推广带来了新的机遇，通过互联网、IP 授权、明星合作等方式开发博物馆衍生产品，是当前地方博物馆衍生品宣传推广的有效手段之一。

（一）互联网效应

探索运用"互联网+"模式，开拓线上销售平台，是当前文博界成功的宣传推广手段之一。2008 年 12 月，故宫官方淘宝旗舰店创立。故宫是国内第一家开设官方销售网店的博物馆，目前故宫淘宝店有超过 100 万人的粉丝。近两年，故

宫全面利用微信、微博、淘宝店铺以及 App 等新媒体形式宣传推广文创产品。2014 年，"故宫淘宝"微信公众号仅以一篇题为《雍正：感觉自己萌萌哒》的文章即收获了 10 万＋的阅读量和 2000 多的点赞数，并引发微信朋友圈的疯狂转发，迅速为"故宫淘宝"打响了品牌知名度；此外，故宫依靠互联网传播的"朝珠耳机"，一开始只做了 400 件，两天之内就售罄；2015 年 8 月 5 日，"故宫淘宝"店参加了"聚划算"促销，仅仅用了一个多小时，1500 个手机座就宣布售罄，一天内共有 1.6 万单故宫文创产品成交。

故宫作为"探路者"的成功实践以及国家政策的支持，引发各地博物馆开发文创产品的热潮。目前，中国国家博物馆、台北故宫博物院、苏州博物馆、陕西博物馆文创线上销售平台、上海博物馆在淘宝都已开通旗舰商店，拥有大量粉丝。

2016 年 7 月，苏州博物馆联合国内最大的电商平台阿里巴巴旗下的聚划算平台，举办了一场名为"型走的历史"的服装发布会，把唐伯虎字帖、吴王夫差的青铜剑等元素运用到 24 款时尚服饰当中，将高冷的文化，通过模特走台予以展示，产品同期在聚划算上线，72 小时之内遭到了 6 万多文艺青年的热抢，一周之内，线上相关问题的讨论高达 1500 多万条。

（二）IP 效应

何为 IP？即知识产权，是包括著作权、专利权和商标权在内的一种无形的文化资产，如知名的小说、游戏、动漫等。围绕知识产权的多元化开发 IP，比如，小说拍成电影，游戏做成真人秀，动漫开发衍生品。对于博物馆来说，其浓厚的历史底蕴、丰富的文化价值，同样可以视作 IP。比如，故宫销售的 Q 萌版系列产品，模仿故宫建筑颜色的手工编织袋，取材于藏品上黑漆嵌螺钿纹的纸胶带等，都属于这一类。

和一般文创产品形式不同，地方博物馆 IP 开发最大的特点在于有故事、有内容，基于内容和故事进行 IP 开发，地方博物馆具有先天性优势。地方博物馆的每件藏品、每个元素背后，都有一个活生生的故事，它们十分厚重、独一无二，这就使得消费者发自内心地喜爱，因而愿意为创意买单，为新鲜感买单。

国外博物馆早已采用了 IP 授权的方式与第三方专业机构合作的方式，比如，美国大多数博物馆的文创商品开发都是通过第三方美国博物馆商店协会完成的，博物馆只是将自己的馆藏进行授权，再由专门的企业完成设计制作。

（三）明星效应

2017 年 4 月 23 日是世界读书日，北京故宫博物院选择在这样的日子里发布了一款与众不同的文创精品——"天禄琳琅"文具套装。之所以说它与众不同，是因为这款产品是由故宫博物馆与当红人气偶像鹿晗合作创意打造的。鹿晗作为北京青年，一直对以故宫为代表的传统文化有着深厚的情感，在世界读书日来临之际，鹿晗也表达了希望青少年多读书、走近传统文化的意愿。该套文具礼盒即源于"天禄琳琅"所蕴藏的文化内涵，因"天禄琳琅"汇集历代善本的启发而成。文具礼盒包含笔记一本、书签两枚、信封三枚、笔盒一个、六面印章一枚，所有组成皆源于故宫元素，产品材质精良、工艺考究，为美玉般的人才奉上吉祥祝福。该产品于 4 月 23 日世界读书日在故宫博物院官方旗舰店（故宫天猫）正式上线，上线当天就被抢购一空。

又如，央视播放的《国家宝藏》，每期选几件藏品，由明星"守护人"演绎藏品故事，既有娱乐性，也让大家对文物有了全新的认识。湖南省博物馆展示的"皿方罍"，由黄渤和王嘉演绎的"曲折归国路"，看哭了无数观众；段奕宏化身越王勾践剑的"剑灵"，将冰冷"死物"诠释出另一番模样……通过电视节目，并以明星参与的方式，重现藏品故事，追索历史记忆，是让大众走进博物馆的一种新途径，更是对博物馆文化宣传的有效手段。

当前，我国衍生品市场还处于萌芽阶段。大众消费时代，通过博物馆这个平台，提升大众对审美艺术的精神追求，拓展博物馆的品牌价值与意义，开发更多、更好、更具审美价值的衍生品，是博物馆服务大众的重要使命。如何设计出样式独特又具有实用性的"包豪斯"设计风格产品，是博物馆行业亟待思考和推进的课题。

五、地方文博馆在互联网时代的信息传播

通过以上的分析，本书认为，地方博物馆可以充分利用"互联网"媒体进行信息传播，更好地建设与传播地方文博馆的文化、精神等内容。

（一）利用地方博物馆网站进行信息传播

当以网络、手机为代表的新媒体出现后，大众传播的媒介生态环境就发生了很大的变化，同时对博物馆展示传播的环境与受众信息接受的方式都产生了重要的变革和挑战。博物馆网站的信息传播具有以下重要作用。

1. 实现藏品资源共享，扩大信息传播范围

与实体博物馆的实物藏品相比，博物馆网站可供展出利用的数字信息资源范围广、数量大且形式多样。

首先，博物馆网站打破了实体博物馆藏品资源信息传播的时空限制。实体博物馆受陈列空间面积大小的限制，可展出的藏品数量十分有限，影响了一部分藏品的使用，藏品展出数量与建筑空间之间的矛盾一直存在。博物馆网站依托计算机和互联网络，构成了一个无限广阔的数字化展示空间，根据展示需要，可将所需的藏品资源全部放在数字空间中展现，资源的利用也更加充分和自由。

其次，实体博物馆除了在空间方面对藏品利用形成了一定的制约之外，实物藏品自身的存在状态和对存放环境的严格要求也在一定程度上影响了藏品资源的充分利用。有些藏品因为年代久远等原因，质地已变得十分脆弱，易损、易碎，温度、湿度、光线等指数稍有不适便极易受到破坏，收藏条件极为苛刻，不允许进入展厅、陈置于一般的环境条件下作展；一些展品可能会因频繁的展示受到自然的侵蚀和人为的破坏，也不能够用于长期展出；有些则由于体积过大、分量过重、形态过于奇异等客观存在特点给搬运和移动带来很大不便，使得展示中很难将其考虑在内，极少被利用；还有一些非常珍贵的藏品，鉴于它们特别的来历或者独特的文化价值，传统博物馆也多将其深藏库中，很少示人。以上原因，导致了实体博物馆中一大批实物藏品只能长年处于无法为人们利用的，让观众难觅踪影，物的收藏与使用的矛盾突出。例如，著名的南京博物院所能展出的展品量只占该馆藏品总量的 0.5%，故宫博物院展出藏品只占到总收藏数量的 1%。而博物馆网站对藏品信息的展示传播，是以藏品资源的数字化为存在形式，使得以上的问题和矛盾迎刃而解。网站展示数字藏品的信息资源是将库房、展厅的可移动文物，古建筑、古遗迹、历史遗存等不可移动文物，以图、文、声、像的载体形式呈现，不再涉及藏品保存的状态和环境条件，无所谓藏品的实际大小形态，一切都可通过图片、视像的形式展现，很多深藏库房难与观众见面的藏品通过高技术电子手段传向世界每个角落，一些容易损坏、不宜长期陈列的珍贵器物，也能供世人一睹风采。借助互联网的传播途径，让全世界的人们共享人类文明的信息资源，这是发挥博物馆收藏、研究、和信息传播功能的最佳途径。

2. 网站为博物馆与受众搭建起信息交互平台

博物馆网站是沟通博物馆与受众最直接、最有效的信息交互平台。在以陈列展览为主要途径的传统信息传播模式中，信息的直线传播，缺乏信息反馈的有效途径。信息反馈主要发生在展览结束时，通过调查问卷的形式获知，这种反馈是

滞后的、微弱的、难以产生影响的。在网络环境下，信息交互活动却贯穿始终。例如，对于大型展览的信息传播，在博物馆开展前，就可以通过网站调查测试出参观者的知识储备、成见、心态和关于展览主题观点方面先入为主的预想，这些信息对开展前的媒体宣传提供了重要的信息。在博物馆展出过程中，博物馆可根据这个展览搭建主题论坛，实时了解展览关注度和受众对展览的看法，从而及时发现问题、积极有效的调整工作。最后，展览结束后，博物馆可通过网络获取潜在的观众资料，建立信息数据库，再将数据库和网络技术引入到日常传播活动中，促使"潜在"的观众成为真正的观众。

3. 增强馆际之间的交流与合作

博物馆网站将其信息在网上传播，方便了与其他博物馆的相互学习借鉴，缩短了各地博物馆之间的距离，为馆际交流与合作提供了便利。例如，在千禧年到来时，由加拿大魁北克市文明博物馆发起，围绕"博物馆与新千年"为主题而举办了一次大规模的网上虚拟展览。法国、意大利、德国、加拿大、瑞士等十几个国家的博物馆立即响应并提供藏品参与。展览分为十二个单元，每馆各负责一个，从宗教、意识、人文环境和外来文化的冲击等方面共同阐述了"人类"这个永恒的主题。正如组织人员所说："这不仅仅是一个展览，更多的是给世界各文化提供一个交流的机会，是保存和利用人类共同文化资源的一次对话。"

（二）"网络空间"的三重内涵与地方博物馆网站内容建设

博物馆网站从信息传播的意义层面上说，为实体博物馆的陈列展示空间开辟了一个全新的"虚拟空间"。在这个空间里，博物馆展示藏品信息资源、发布各类信息、提供体验服务和信息交互平台，可以说是实体博物馆空间的延续。"空间"这一概念的表述是历史性的，大致可以分为三个阶段："1. 在古典的实在论阶段，亚里士多德将空间理解为物体运动的场所，是世界的客观形式。2. 在近代认识论阶段，参照笛卡尔与牛顿的绝对时空框架，康德将空间阐释为人类感知的主观形式。3. 在现代语言论阶段，爱因斯坦将空间定义为物质在不同参照系中表现出的相对属性，海德格尔的现象学存在论则把空间还原为此在（人）生存境遇的不断揭示，即'在之中'的关系。"本书按照网络信息传播的特性将网络空间设定为三个层面：技术空间、体验空间和交往空间，由此来分析网络空间对博物馆信息传播的独特优势，以此提出地方博物馆网站内容设置的策略。

1. 了解"网络空间"的三重内涵

（1）网络的虚拟技术空间为地方博物馆信息传播提供数字化展示手段

技术意义上的网络空间，首先体现为通信节点之间的电磁场。网络是由计算终端与无限的连线所构成的电子回路，可以被视为对世界的数字化描述。古希腊哲学家毕达哥拉斯的经典名言"数是万物的本原"，在网络时代的尤为惊心动魄。"网络的数字技术将物理实体转化为抽象的数字符号，将事物属性抽象为信息代码，将质的区别抽象为量的差异。最后，自然空间的物－物关系被转换成为技术空间中的数－数关系，使世界被当作一个数据库来操作。地址、链接、通讯协议和数字化服务作为对现实事物关系的处理，在经验空间之外构造出一套逻辑上的虚拟空间。"

在网络虚拟空间中，受众通过数字化展示技术，包括文字、图片、超文本链接相互组合、二维静态展示技术，流媒体音视频、Flash 动画等动态方式的多媒体交互展示技术，虚拟现实技术等各种技术手段的有机结合，全面了解藏品所反映的自然科学和历史文化信息，还能利用逼真的藏品三维模型进行多角度仔细观察。

以 2008 年 10 月新"落成"的虚拟紫禁城为例。无论受众身在何处，只要点击鼠标，就可以轻松"进入"这个"超越时空的紫禁城"的虚拟世界。虚拟世界将未开放的故宫揭秘，借助现代技术，立体地、精细地再现了故宫博物院这座满载文化宝藏的宝库，是技术与文化的完美结合，完全展现宏伟庞大的历史文化遗产。游客在虚拟紫禁城中闲庭漫步，畅游"皇城"，饱览这座皇家禁苑的各座宫殿，可以更好地一睹这座皇家园林的辉煌风采。游客可以"推开"现实中紧闭的太和殿大门，"坐"在皇帝的宝座上俯视大殿。在数字技术的帮助下，人们可以把故宫占地 72 万平方米的庞大木结构建筑群以及近千件殿内珍藏尽收眼底，这在实体博物馆中是无法实现的。

根据网络这一虚拟空间的特性，地方博物馆网站可利用数字仿真技术设置或举办虚拟展览。地方博物馆可以利用丰富的藏品资源以及地方历史、民俗等资料，在展现地方历史文化方面发挥优势。地方博物馆可以利用互联网技术，向公众推出具有北京地方特色的各种虚拟展览。例如，在其网站的虚拟展览板块中设置了一个在线的"文化遗产"展。将本地的文化遗产抽象为数字信息，再现了文化遗产的图卷。网上展览为参与者提供了一个展览的虚拟空间，使观众了解到地方文化的大量的信息。

网络的虚拟空间为博物馆信息资源更为灵活多样的展示方式与传播途径，为观众能够灵活快捷地欣赏展示、获取知识、探访人类文明的资源宝库创造了便利的条件。

（2）网络的"交互空间"为地方博物馆提供双向交流的传播模式

交流（communication，源自希腊语 commūnis，即在……之间分有）意味着交互性的空间关系——在客体层面表现为机机之间的信号交换，网络交互空间在主体层面上表现为人机之间的信息交互，在本体层面则是人人之间的意义交流。网络媒体具有强大的交互功能，曾经的单向"点对面"的传播模式转变为"点对点"的传播，最能体现平民化、去中心化、群体智慧的时代特征。在网络交互空间中，一方面加速新旧媒体的融合，平面媒体的新闻报道，电视媒体的视频节目，手机媒体的短信平台都可以在这一空间中聚集、链接和交互。另一方面，地方博物馆传播者与网络参与者都处于网络交互环境中，传者与受众的差异性大大降低，传受双方身份可以随时转化。这些参与者将自己关注的信息传播给地方博物馆传播者与参与者。与此同时，参与者个体之间也在进行交流，形成新的信息源，而这些信息源的互动又产生新的信息源，从而形成传播的链式反应。

但目前大多数地方博物馆的网站建设依然忽略网络传播的"交互性"特征，保守"信息输出""宣传平台"的传统理念。地方博物馆通过网络可以改变"单向传播"的窘境。其中有效的措施即设立论坛、博客群、微博等信息交互平台，聚集文化爱好者，真正实现信息的双向传播。

（3）网络体验空间为地方博物馆受众提供多样化的信息服务

虚拟体验，是网络信息传播的又一大特征。在主体意向性的层面，网络呈现为一种知觉体验。所谓意向性，即任何意识总是关联于某物，这种关联性构成知觉经验的基础，进而使想象成为可能。正是一种基本的意向性结构，它关联于具体的记号、指示和兴趣而经验化，呈现为知觉层面的空间感。由于数字仿真和远程通信对意识活动的模拟，因此，网络的体验空间比书籍、广播与电视具有更深广的知觉空间。

受众在网络上进行投票、订阅电子报、下载、参与互动游戏，都是在网络空间中发生的活动体验。根据这一特征，地方博物馆网站可设置多样化的在线体验活动，传递信息。比如制作电子杂志介绍展览的内容、开发网络互动游戏、播放与展览相关的讲座视频等。

2.地方博物馆网站内容设置的指导原则

（1）"议程设置"原则

地方博物馆中可利用的、具备文化属性的各类藏品、遗迹、设施、相关文档和针对藏品、遗迹等过往证物的研究成果都可以通过网络平台进行传播。但这些博物馆信息资源具有涉及范围广、时间跨度大、个体之间无关联的特征，如中国三峡博物馆在推出的"馆藏精品文物介绍"这一栏目中就有关于涪陵小田溪战国时期出土的巴人青铜制品鸟型尊、江姐家书、汉代乌杨阙等精品文物介绍。这些信息零碎、片断，无法进一步整合以产生更好的传播效果。

在网络媒体环境下，具有信息海量、碎片化的特征，博物馆如何让自己的信息资源获得更大的关注，是更好发挥其信息传播功能的前提。"议程设置"理论为我们提供了构建博物馆网站的原则。马克斯韦尔·麦库姆斯和唐纳德·肖在《大众媒介的议程设定功能》一文中指出："大众媒介或许无法指示我们怎样去思想，但它却可以决定我们看些什么、想些什么、什么问题是最重要的。"大众媒介对某些事件或问题的强调程度，同受众对其重视程度，构成了强烈的正比关系。因此在网站信息传播的语境中，地方博物馆网站可以"议程设置"理论为指导，进行地方文化信息的专题策划，整合分散的信息资源。比如，中国三峡博物馆可根据四大基本陈列：壮丽三峡、远古巴渝、重庆城市之路、抗战文化作出关于地方文化的专题策划。例如，配合远古巴渝这一基本陈列，在网站上可设置"远古巴渝数字专题"，每周推出一期与巴文化主题相关的内容，如巴人源头、巴族形成、巴人与战争、巴人与渔猎经济、巴人与盐、巴人乐舞、巴人与楚人、巴人与蜀人等。这些专题在实体的陈列展览中无法得以全面展示，却可以通过网络实现自由无限的文化信息供给。在电子杂志上可提供相关研究文献、研究趋势与现状、文物图片、考古现场图片等数字资源，以生动鲜活的方式反映重庆地理形成、经济、文化发展、历史变迁、风土人情，为受众提供一个全面了解地区历史文化的平台和窗口。

（2）"分众传播"原则

地方博物馆拥有广泛的受众群，传统的陈列展览虽然可以运用展示技法让展览最大程度地吸引观众，但往往在一个展览中无法做到"受众细分"。博物馆网站的内容设置则可运用传播学中细分受众的理念，根据观众群的文化观念、生活习惯、参观方式的差异细分为目标观众群。作为综合性博物馆，在同一个展览空间中兼顾所有观众群的需求，并不现实，也很难做到。但博物馆网站巧妙的设置则可以弥补这一缺憾。本文以受众对地方博物馆信息需求的特点为例，谈地方博物馆网站内容的受众细分原则。

对于博物馆从业者、博物馆学、考古学、历史学等专业人员对博物馆信息的关注力度非常大，信息需求量大，且要求专业精准。因此博物馆网站可提供"文博研究"板块，以地方文博事业研究为主题。涵盖博物馆学、历史学、考古学等诸多博物馆相关学科，可突显研究的"地方性"。该板具有很强的学术性，能满足专业人士了解地方博物馆行业研究动态与趋势的文化信息需求。

但对于对方博物馆网站而言，更多的是面向广大的没有地方文化历史专业背景知识的受众，如何通过网络让他们进入实体博物馆，引发他们对地方文化以及对陈列展览的自主学习的兴趣是关键。首都博物馆的做法值得借鉴，即以北京为主题。倡导访问者了解北京从走进博物馆开始，并邀请观众参与到博物馆活动中来体验。内容设置有：图上游北京、北京留影（下设历史上的北京、当代北京脚步两个栏目），老北京民俗（下设胡同人家、北京美食、戏曲曲艺、北京手工艺、京城老字号等栏目）。这个栏目将受众定位为无历史专业背景、外地观众、北京文化爱好者。图片丰富多彩、文字直白易懂，其目的在于引发观众兴趣、引导观众进行自主探索的学习模式，协助观众了解北京文化。博物馆网站的建设要有细分受众的观念和策略，可弥补传统展览"受众难定位"的先天性缺陷。

网络展示给人们是数字化的信息，虽然它在一定程度上可以取代博物馆的信息传播功能，但在虚拟的网络中，临场感和实物感与亲临博物馆是无法相比的。博物馆上网的最终目的仍然是想吸引人们走进博物馆，到现场一睹真实的艺术品或古代器物的风采。网络信息传播，并不是传统博物馆的终结，相反，为博物馆的发展带来了新的动力。

六、"互联网 +"趋势下馆校合作

2014 年 3 月，教育部印发了《完善中华优秀传统文化教育指导纲要》，明确要把中华优秀传统文化教育系统融入课程和教材体系，增强中华优秀传统文化教育的多元支撑，分学段有序推进中华优秀传统文化教育。

（一）"互联网 +"趋势下馆校合作的必然性

以移动互联网、云计算、大数据、物联网等为标志的新一代信息技术对经济社会生活的渗透率越来越高，基于这一背景，"互联网 +"行动计划因此提出。随着互联网技术向教育领域的渗透，人们熟悉的学习环境正在逐渐由"实"变"虚"。数字校园变为智慧校园，数字化博物馆向智慧博物馆发展，虚实融合的博物馆学习环境、学校教育环境正在逐步进入人们的视野中。

从各自优势来看，地方博物馆教育以其丰富资源、较强的专业性、直观的学习体验等特点拓展了传统教育方式的内涵与外延，参观者通过交互体验的学习方式能够加深对博物馆藏品的理解，构建宏观的知识体系；而学校教育则是通过固定机构向学生提供有计划的、系统的学习，并通过考试等方式检验学生的学习成果，具有普及性教育的特点。将这两种教育方式相互结合，可以有效拓宽学生的学习视野，使地方博物馆资源走入课堂，借学校教育稳定的模式充分发挥其文化传承作用，进而提升青少年的素养。网络作为沟通馆校合作的桥梁，创造出一个虚拟的学习环境，在虚拟环境中，学习者可以不受时间与空间限制，充分享受丰富的在线学习资源，互联网带给教育的优越性是以往任何手段所无法比拟的。

（二）博物馆资源与学校教育结合的案例分析

青少年教育关系到国家未来，因此将学校教育列为地方博物馆教育项目之一，使优秀的文化资源通过馆校合作传输到传统课堂，是极其必要的。当下，地方博物馆可以利用现代信息技术手段，将馆内特色资源、成熟课程甚至制作配套的教材教具，转化为可通过网络使用的有效资源，建设和完善适应信息时代学习需求的网络教育平台，构建起更加开放的在线学习环境。在这方面，以天津博物馆的经验为例，做简要的研究说明。

就地方而言，2016 年 1 月 20 日天津市教育委员会和天津市文化广播影视局联合签署《天津市推进文化教育融合框架协议》。该协议的签订标志着天津市的文化部门与教育部门将把博物馆、文艺院团和非物质文化遗产等文化资源与课程教育、拓展课外活动计划进行有机结合，深入推动本市文化、教育事业紧密结合，共同发展。天津博物馆在调研结果基础上设计了多个馆校合作实施方案，其中线上直播平台、公共在线教育平台等成为拉近博物馆与学校距离的重要形式。

1. 线上直播平台

网络直播的本质是利用数据采集设备，将现场实时的音频和视频通过直播软件上传至网络，用户可以通过直播软件收看并参与互动的一种视频社交新媒体。目前天津博物馆的直播内容主要包括展览讲解直播和特色活动直播两种形式。以直播形式开展博物馆教育是天津博物馆在 2017 年的新举措，通过与网络媒体合作，开通了"志愿者讲天博——发现天博馆藏器物之美"直播专栏，并针对大型特色活动开展多次直播，取得了良好成效。

在网络直播大行其道的今天，地方博物馆可以挖掘自身资源、丰富宣传手段，同样可以成为"网络红人"。除此之外，网友的线上互动还为地方博物馆提供了更直观的建议反馈方式，网络观众希望地方博物馆除了介绍展览陈列、特色活动外，还能将学术讲座、布展现场、文物修复等搬到不受时空限制的直播平台中，让受教者更全面地感知博物馆。

2. 公共在线教育平台

"天博公共在线教育平台"项目是以天津博物馆优质文化公共资源为基础，借鉴国际流行的 MOCC（慕课）教育技术模式，利用全媒体在线教育为技术手段，依托网络云平台，力求打造一个国际领先的博物馆公共教育平台。项目建设内容主要分为两个部分：一是博物馆公共在线教育云平台建设，二是基于文博资源的公共课程化建设。其中，云平台建设是依托云服务器搭建，支持多门课程同时在线，可随课程数量、用户数量、访问流量的增加进行动态调整。平台引入 MOOC 教学理念与模式，面向全社会开放，通过精心的课程结构设计、短而连续的多媒体教学资源进行引导式学习，推动优质公共文化资源的普及。高度灵活的可定制化后台可随时新建课程，或为已有课程添加新的内容。用户可以摘录教学资源、记录学习心得并可导出至邮箱或分享在社交媒体中。课程建设方面，其设计理念主要体现在四个方面。一是适应受众碎片化阅读习惯，对讲述内容进行科学有序的拆解。二是以知识为依托，以趣味为出发点，进行传统文化知识的重编码。既增强了受众在传播过程中的反馈可能，又能避免过分迎合受众而产生的娱乐化倾向。三是以动态短视频讲解为核心，用有声文本的听读功能，进行内容传播的强化。同时利用在线笔记与学习内容转发功能，使受众又成为一个全新的信源。通过受众主动的个性化再编码，形成一个新的具有网络传播属性的人际传播路径。精炼的图形图像资源，削减传播过程中的文化噪声，提升受众的解码效率和反馈的可能。四是以馆藏精品陈列为基础建设课程，配合有声文本、图片、PPT 等富媒体资源，整合成一个紧凑短小而深入有趣的课程。截至 2017 年 6 月，"天博公共在线教育平台"初步在天津市六所中学试用，近两千名学生登录学习，以撰写课后心得的方式向教师、博物馆提出反馈意见，以供后台对技术问题进行更正调整。目前，此教育平台在国内可谓首屈一指，它的使用方式贴合当下学生"快餐式"阅读习惯，可用于各类移动终端深入解读博物馆珍稀藏品，通过与学校合作的方式，做实传统文化推广工作。虽发起于网络，但其最终目的却是将学生吸引到博物馆来，获得更有效的参观体验。

与传统概念中博物馆和学校的合作共赢不同，在互联网技术的支持下，二者联合不再是简单地将博物馆特色活动搬到课堂，或是带领学生走入展厅进行书本知识的有限延伸，而是打破"一加一等于二"的常规设置，合博物馆教育、学校教育为一，使博物馆资源成为学生乃至各年龄段受众者可随时翻阅的知识手册。未来，相信地方博物馆会在"互联网＋"趋势下创造出更多与学校合作的机遇，将优秀文化资源植入青少年教育的沃土之中。

第四章　红色文化教育与传承研究

　　本章是关于红色文化教育与传承研究的，主要从"红色文化的内涵与特征""红色文化的育人价值""红色文化教育的实践要求"这几方面出发。

第一节　红色文化的内涵与特征

　　学习红色文化对学生的成长有着重要的意义，寻求红色文化资源与艺术院校教育的结合点也是学者研究的重点和热点。在教学中充分运用一些红色文化资源，不仅能发挥红色文化资源的引领价值，丰富教学资源，增强教育的有效性，而且可以增强学生民族自信心和使命感。而且新时代以来，特别自党的十八大以来，习近平总书记先后对金寨、古田、延安、西柏坡、遵义、井冈山等红色革命圣地进行考察，并强调要高度重视红色文化建设，利用好红色资源，发扬红色传统，传承红色基因，传递红色火炬，充分发挥红色精神的育人价值。2016 年 4 月 24 日，习近平总书记考察革命老区金寨县时曾高度赞扬了老区的革命精神，老区精神积淀着红色基因。2021 年 3 月 30 日，习近平总书记对革命文物工作作出重要指示时强调革命文物是弘扬革命传统和革命文化、振奋民族精神的生动教材。

　　在探究红色文化资源价值与运用的基础上，深化红色文化的内容，进一步研究将红色文化资源融入高等院校教育教学中的必要性与有效路径，有助于弘扬地方红色文化，彰显红色文化资源的独特优势，使红色文化资源更好地运用于高等院校教育中，实现红色文化的普及与大众化。

　　将红色文化资源运用于教学中，使理论知识生动化、形象化，通过展示具体的红色案例，让学生近距离感受革命精神，不仅能帮助学生理解和掌握理论知识，还能增强文化自信和民族认同感。

　　具体来说，红色文化资源在教育中的运用能够丰富教学资源，增强教学效果。将其作为课程资源进行教学，有助于丰富教学资源。通过挖掘红色人物、遗物、事件、精神等资源，树立榜样和典范，有助于学生效仿和学习，从而增强教学有效性。

同时，红色文化资源在传承革命文化，实现育人价值方面有突出效果。师生在进行探究、学习红色文化资源的过程中，也有助于文化资源的开发、利用，在传承优秀革命文化的同时，进一步丰富红色文化资源的内涵。艺术教育尤其应该重视情感、态度与价值观的教育，红色文化资源作为文化载体，具有特有的育人优势，深入挖掘红色文化资源的育人功能，有助于学生良好价值观的形成。

例如，学者张泰城、常胜（2011）在《论红色资源融入思想政治理论课教学的有效途径》一文中提出"红色资源是中国共产党成立以来，在马克思主义中国化的历史进程中而凝结的精神产物，也是中国革命斗争过程中形成的物化产物，是一种以精神的（井冈山精神、长征精神等）、信息的（标语、书信等）、物质的（旧居、遗迹等）等形态表现出来的资源"。又如，学者孔海棠（2018）等在《安徽红色资源在高等院校思想政治教育中的运用》一文中从不同角度探讨将红色文化资源融入高等院校教育的途径，如创新培育模式，在理想与实践课堂中提升思想境界、重温红色历史；创新实践途径，在角色扮演、课题调研、团队竞赛中传承红色基因、认清使命担当、激发自我潜能；探索创新机制，加强多方合作，设立红色教育实践基地。王兆元（2018）在《利用红色研学深化革命传统教育》一文中举出利用红色文化资源的意义。

参考以上学者的研究，我们可以来具体研究红色文化的概念及其内涵。

一、红色文化概念

红色文化可以概括为中国共产党和人民群众在革命斗争时期和社会主义建设时期形成的一系列文化成果和革命精神，并且与中国的传统文化和具体国情相结合，包括无形的经济、政治和社会制度等，也包括了有形的书籍资料、遗址和纪念场所等。由于红色文化自诞生、形成到发展跨越了近代中国的革命年代，所以按照其每个阶段的发展特点，研究红色文化的学者对其进行了分类。

（一）新民主主义革命时期

对于红色文化形成的时期，可以被认为是源自新民主主义革命时期。刘寿礼（2004）认为红色文化是一种意识形态，是群众性革命文化运动的产物，是中国共产党人同人民一起创造的。这一观点得到了众多学者的认同，如李水弟（2008）等，他们认为红色文化是中国共产党、人民群众和一切先进分子在革命的实践中共同创造的，具有中国特色和时代特色。

（二）社会主义革命与建设时期

部分学者认为红色文化的形成是一段时期内，包括了社会主义革命和建设时期。例如，曾振华（2014）依据中国革命的进程将红色文化也划分为了三个阶段，第二次国内革命战争时期红色文化逐渐形成，并发展于抗日和解放战争时期，在建国后则处于不断丰富和不断拓展的阶段。

有学者认为红色文化形成和发展的时期包括了中国共产党领导下的整个革命和建设时期。有学者认为红色文化形成于新民主主义革命和社会主义革命建设的过程，红色文化包括了信仰、道德、法律、风俗等一系列文化内容，是一个比较完整的文化体系和系统。

可以说，红色革命文化既包括长征的介绍和长征精神的总结，也包括了抗战时期的概况以及抗战胜利的呐喊。红色文化有别于其他文化，最根本的点在于"红色"。红色文化在不同领域有不同的研究体系。当前，高校艺术教育体系建设的过程中可以利用的红色资源是非常多的，主要包括物质文化方面和精神文化方面。红色文化的概念，广义上是指"在社会历史进程中，人们的物质和精神方面所达到的方式和程度"；狭义上是指"在社会历史进程中，中国人民在中国共产党的领导下所有物质形式与精神内容的成果体现"。红色文化，就其内容来讲主要分为物质红色文化和非物质红色文化。物质形态主要表现为中共在各个历史时期留存或建造的实体，精神形态主要表现为不同时期形成的各种红色精神。作者从红色文化的概念入手，分析红色文化的主要内容和表现形式。

具体来讲，物质文化方面包括革命遗迹遗址、革命遗物文物、革命文献和纪念场馆等。红色遗迹遗址是指在新民主主义革命时期中国共产党战斗和生活过的地方，主要有各类不同的建筑或场所，包括住所宅第、坪台场地、红军学校、红军医院、军事设施等等，如图 4-1-1、图 4-1-2、图 4-1-3、图 4-1-4 所示。

图 4-1-1　革命遗迹遗址

图 4-1-2　八角楼毛泽东同志旧居

图 4-1-3　红军医院旧址

图 4-1-4　中国红军第四军军部旧址

革命遗物文物是指与历史事件和重要人物有关的各种用品用具，包括办公用品、证件徽章、衣服被子、家庭用品、耕作农具、通讯器材、武器装备等等，如图 4-1-5、图 4-1-6、图 4-1-7、图 4-1-8 所示。

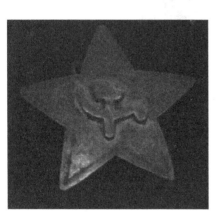

图 4-1-5　帽徽

图 4-1-6　煤油灯

图 4-1-7　黄洋界保卫战修筑工事的铁镐

图 4-1-8　朱德的扁担

革命文献是指记录革命历史进程和人物活动的书面文字材料以及影像资料等。具体内容包括纲领规章、宣言公报、指示命令、法规条例、布告通告、信函、电报、报纸期刊、讲稿笔记、著作等等，如图 4-1-9 所示。

图 4-1-9　中国工农红军创办的红色刊物

纪念场馆是指为纪念革命战争年代的英烈和重大事件而建的各类建筑场地，包括博物馆、纪念堂馆、烈士陵园、碑亭台柱、纪念广场、纪念雕塑等，如图 4-1-10、图 4-1-11、图 4-1-12 所示。

图 4-1-10　井冈地标

图 4-1-11　"井冈红旗"雕塑

图 4-1-12 "胜利的号角"雕塑

由此可见，红色文化作为文化的一种特殊形式，是人们对革命先辈的精神与奋斗史的尊崇与认同，同样也将成为后人寻找精神支柱和灵魂托付最好的精神纽带。

精神文化方面主要是指中国共产党带领人民群众在新民主主义革命时期所形成的意识形态的总和，可以分为思想观念、信仰信念、理论观点、道德伦理、精神品格、情感情操等方面，具体内容包含政治理论、文学艺术作品和歌曲戏剧等等，反映了中国共产党的伟大历史进程和带领人民群众所创造的丰功伟绩。中国共产党根据时代需要不断推进马克思主义的中国化、大众化，引领主流社会意识形态根植于人民群众的精神生活之中，创造了革命年代的长征精神、井冈山精神、苏区精神、延安精神、红船精神等等都是红色文化在精神领域的表现。

红色文化具有自身的特色功能。2017 年中共中央办公厅、国务院办公厅颁布的《关于实施中华优秀传统文化传承发展工程的意见》指出："实施中华优秀传统文化传承发展工程，建设社会主义文化强国，增强国家文化软实力。"习近平总书记强调"中国革命历史是最好的营养剂""大力发扬红色传统、传承红色基因，赓续共产党人精神血脉，始终保持革命者的大无畏奋斗精神，鼓起迈进新征程、奋进新时代的精气神"。注重保护、开发、利用红色文化资源，具有促进地方经济发展、营造良好社会氛围、扩大教育宣传效益、实现物质精神双赢等特色功能，红色文化是当代中国人的精神命脉，是实现国家繁荣、民族复兴的不懈动力和精神源泉。

近年来，红色文化资源的保护与开发在取得令人欣喜的进步与发展的同时，由于主客观条件限制，整体仍未进入成熟阶段，主要存在四方面问题：红色文化底蕴未能有效发掘、红色文化资源形象不够鲜明、红色文化资源开发形式单一、红色文化产品推广力度不够。今后，红色文化需要在高水平的内涵提炼与理论解析、精确定位形象特征与脉络走向、保护与开发并举的思想指导下扎实开展整理工作、精心策划设计文化产品等方面下功夫。

二、红色文化的特征

（一）注重弘扬和传承

弘扬和传承红色文化是文化信任的重要手段。中国有历史基础，有文化底蕴。深厚的历史基础和良好的民族文化是文化信任的历史渊源，是维护民族独立、推动民族发展进入新时代的强大力量。中国红色文化的形成和发展是中华文化的重要表现形式。它体现了人民共同的情感价值观和理想，为人民克服各种困难提供了坚强的精神支持。这是我国优秀传统文化向红色文化和社会主义革命实践转化、创新发展的重要成果。文化信任的另一个重要源泉是中国特色社会主义文化。

通过科学的世界观和方法论，培育人的精神世界是一种重要的文化。红色文化的繁荣和发展是高度社会主义的中国，是新时代文化繁荣发展的重要组成部分。相对于西方价值观的混乱和文化的异质性，红色文化具有科学的世界观和方法论，民心相通，是文化自信的重要支撑。

（二）符合时代发展要求

中国共产党人毛泽东、邓小平、江泽民、胡锦涛，以马克思主义的基本理论和方法为指导，为中国共产党的建设和改革实践作出了巨大贡献，对文化建设规律的探索，创造了丰富的文化理论成果，为红色文化教育价值的研究提供了实际经验和理论基础。中国是新时代的中国，中国共产党以习近平为代表，把文化建设放在新的历史高度，形成了一系列重要的会议精神，极大地强化了马克思主义文化理论。

我们要遵循探索和创新的精神。因此，要想将地方红色文化融入到高等院校的教育中，就必须理解红色文化的高度的自然性和创造性。在新的历史时期，我们必须不断丰富和完善红色文化的理论精神，有必要改善红色文化、意识形态和政治教育重新组建结合，这样能够提高对高等院校学生的号召力。此外，将时代精神与红色资源相结合，可以促使红色资源被注入新的时代活力，最终建立和完善红色资源体系。在中国的新时代，包括习近平在内的中国共产党党员，在推动文化建设走向新的历史中，介绍了一系列关于文化产生和发展中国特色社会主义文化的重要论述，丰富了马克思主义文化理论的宝库，研究了新时期红色文化思想，为政治教育提供了现实的领导力。

三、红色文化融入教育的必要性

红色文化资源，是中华民族具有中国特色的卓越文化形态，其中有丰富的文化内涵和历史文化底蕴。红色文化资源中的道德修养、精神理念等也是高校教育的内容，地方红色文化资源中的革命事例，也可以成为教育过程中的素材。教师可以通过多种角度对革命事例进行解读，并且可以通过多种形式展示革命事例。因为事例的真实性能够引起学生的共鸣和关注，所以红色文化教育在高等院校教育中，与其他教学内容相比，有其独有的优势。

（一）引领学生精神

红色文化"基因"对高等院校学生身心发展具有精神引领性。因为红色文化"基因"根植于历史和实践之中，并且当红色文化资源带有地方特色时，与高等院校学生的实际生活情况联系十分紧密。所以，红色文化不再是抽象的或者遥远的，而是身边发生的事迹，所以红色文化就具有吸引力和亲和力。

理想信念是人的精神支柱，而理想信念的树立和培养都需要漫长的时间，并且能够坚持理想信念才是可贵的。对于高等院校学生来说，理想信念可能是陌生的，但是可以通过红色文化树立榜样，发挥榜样精神的作用，红色资源蕴含了许多中国共产党人不畏艰难、执着追求的奋斗故事，是新时代深入开展思想教育的良好教材，有利于高等艺术院校学生潜移默化受到教育。如果在此基础上继续加以正确的引导，那么就能够激发高等艺术院校学生带着强烈主观能动性、有意识地去学习先进人物所蕴含的优良传统与品质，从而坚持自己的理想和信念，能够真正成为一个有利于社会、能为祖国奉献的人。

（二）符合教育的要求

红色文化"基因"对于高等院校课程建设具有可操作性，符合教育的要求。高等院校学生思想道德观念的形成与发展，需要他们独立进行思考和生活体验，社会行为规范也只有通过高等院校学生的亲身实践才能真正内化为个体意识，在实践的过程中，学生可以获得最直接的经验和知识，并且亲身经历之后的感悟会更加深刻，有更佳的教育效果。

充分合理地利用红色文化，可以达到高等院校教育实践性教学模式的要求。因为红色文化资源就在学生的身边环境中，无论采用何种方法对其进行深入探究，相对来说都会比较简便易行，可操作性很强。比如，教师可以组织学生参观红色革命旧址，围绕旧址纪念馆中的各种主题陈列指导学生们开展实践调研活动。学校课堂的教学、课外的实践活动等为学生深入了解红色文化搭建了良好的平台，深刻的亲身体验能够帮助艺术院校学生们形成对待红色文化的正确认识，然后再借助红色资源中的有益元素，提高开拓自身的精神境界。红色文化其本身也有变革和发展的欲望，并且红色文化需要被体验，才能够焕发新的生机，因此将红色文化应用于高等院校教育，可以使红色文化的生命力得以极大地增强，使红色文化的延续呈现出一片欣欣向荣的繁荣景象。

（三）增强学生的主体性

红色文化传承需要通过学生的加入与弘扬，才能够发挥学生的主体性。历史记忆实际上是构筑红色文化血脉的坚实基础，而本土的红色文化更容易激发高等院校学生的情感认同，学生感受和体验红色文化的过程又是达成人生观和价值观的高效策略。红色文化融入教育教学中，是对地方红色资源的开发和利用，使地方红色资源走进课堂，创造一个良好的文化传播和教育教学环境，通过潜移默化的方式实现教化。而教师则可以根据本土红色资源的实际条件结合高等院校学生的思维和成长特点，灵活地制定出教学内容、教学方法以及教学组织形式。

1. 需要学生的加入与弘扬

一些红色文化资源产生于特定的地区和环境，十分贴近高等院校学生的生活和心理，教师利用本土红色文化资源进行讲解，学生首先会有一种亲切感，不会觉得陌生，并且来源于家乡的文化能够激发学生的探索欲望。因此借助一些红色文化能够使学生更了解自己的祖国，了解曾经发生过的历史事件，并且在观摩遗址的时候能够体会到革命先烈的艰苦奋斗，强力的冲击感能够使学生的印象更加深刻，从而以先辈们的品质要求自身，影响自己的行为和思想。

红色文化中富含着艺术教育的因子，它在教育功能、教育内容以及实践活动的方式上都能够满足艺术院校学生思想政治教育以及专业教育的需要。红色文化包含着革命战争年代当地人群沉淀形成的精神风貌、心理特征和伦理道德等，它对该地区的未成年人无声无息地发挥着教育功能。这对于高等院校学生的教育来说至关重要。

2.需要结合学生的继承与宣传

教师如果采用单一的教学方式则无法达到很好的教学效果，也对学生的理解能力提出了一定的要求。而通过红色文化中具体可感的事例，可以将理论知识转变为鲜活的历史事件，如此一来在教学中教师可以避免进行理论性的说教，可以将理论融入到一些课堂互动之中。构建以红色文化为基础的、具有自身特色的教育体系，让红色文化呈现形式多样性，需要通过青年学生的继承与宣传。

第二节 红色文化的育人价值

一、红色资源的价值分析

习近平总书记在十九大报告中指出，要广泛开展理想信念教育，深化中国特色社会主义和中国梦宣传教育，弘扬民族精神和时代精神。理想信念可以引导人们的价值取向和行为选择，是世界观、人生观和价值观的集中体现，具有重要的方向指引和动力支撑作用。红色文化蕴含丰富的教育资源，能够坚定人们的理想信念，提高人们的思想道德素质和科学文化水平，是进行道德教育的重要载体。经济社会的快速发展引起了人们思想上的深刻转变。在不同的历史时期，红色文化伴随中国共产党的成长，在新民主主义革命发展的进程中，内容不断得到丰富和完善。中华人民共和国成立后，红色文化与时俱进，与不同历史时期的精神文明进行融合，其中包含的革命精神是广大人民群众共同认定的崇高理想信念，具有重要的教育价值。

首先，红色文化可以坚定学生的信念。改革开放以来，我国经济社会发生了翻天覆地的变化，人民群众的物质生活状况整体得到非常大的改善，但仍然有一部分学生在精神上还陷入了信仰危机。特别在互联网时代，各种信息庞杂多样，这对学生的思想观念带来了冲击。红色文化形成于新民主主义革命时期，伴随着中国共产党的不断壮大而赋予了更深的精神内涵，这种精神给予我们中华民族钢铁般的坚强意志和不朽的民族之魂。为什么我们能在过去非常困难的条件下奋斗出来，战胜艰难险阻最终取得革命的胜利，就是因为我们有理想，有马克思主义信念，有共产主义信念。红色文化中饱含的勤劳勇敢、百折不挠的崇高精神品质，对当前高等院校学生坚定跟党走的信念和脱贫致富的信心具有强大的教化作用。理想决定方向，信念产生力量。运用红色文化中蕴含的马克思主义信仰，以社会主义、共产主义的理想信念进行教育，能使受教育者树立坚定的社会主义、共产主义信念。当前的高等院校，正是需要学生积极参与和努力奋斗的场所，需要发扬红色文化所蕴含的坚定理想信念，才能实现高等院校学生们的全面发展。

其次，红色文化可以提升学生群体的思想道德素质。"百行以德为首。"一个社会拥有先进的文化并不必然带来人们思想道德素质的提升，但先进的文化是思想道德素质提升的必要条件。道德具有历史性，不同的历史时代有着不同的道德。红色文化拥有系统的道德规范和行为准则，其中所蕴含的道德观是社会主义道德文化的鲜明写照。红色文化内涵丰富，表现形式多样，可以有效弥补高等院校艺术教育内容与形式的不足。比如，红色文化中榜样的力量，那些英雄人物、仁人志士在物资极度匮乏、环境极其恶劣的情况下所展现出的精神风貌就是有效宣传点。"没有什么东西可以像榜样这样温和而又深刻地打动人心。"红色文化中的英雄人物在历史进程中创造的丰功伟绩和发挥的巨大推动作用，能够让人思想上受到震撼，精神上受到洗礼，情感上受到感染，见贤思齐，形成正确的价值观，激发高等院校学生努力学习、干事创业的热情和动力。

二、结合红色资源的教育意义

文化是一个国家繁荣发展的灵魂和血脉。而红色原本只是一种自然颜色，自从中国共产党诞生之后，红色便被赋予了独特的内涵。他具有共产主义的性质，具有全心全意为人民服务的本质，与中国共产党密不可分。

从狭义上来划分，红色文化就是革命文化，是指形成于革命战争年代，由中国共产党人在长期革命斗争中创造出来的丰功佳绩和历史遗存以及涌现出来的英雄人物、革命事迹和崇高精神。在新民主主义革命时期，中国共产党带领中国人民通过几十年自强不息的艰辛探索和伟大斗争，建立了中华人民共和国，实现了民族的独立和人民的解放。近代以来中国革命的实践雄辩地证明：以马克思主义理论为指导的中国共产党以及在此过程中形成的马克思主义中国化理论——毛泽东思想是取得新民主主义革命胜利的强大指导力量，在此期间凝聚起来的革命英雄主义精神和革命遗存、革命文化是我们取得胜利的强大精神动力。中国的革命是红色的，中国的革命文化就是红色文化。可以说，从实践上来看，红色文化来源于中国共产党领导人民群众在新民主主义革命时期进行的伟大斗争和伟大创造。

此外，红色文化的来源之一就是中国历史悠久的传统文化。传统文化是维系社会伦理道德的重要纽带，是支撑中国人民艰苦奋斗的精神支柱。而红色文化是中国人民在挽救民族危亡探索国家出路时形成的民族文化。早期的中国共产党人有许多接受过良好的传统文化教育，比如毛泽东、周恩来、邓小平、方志敏和瞿秋白等等，他们在中国共产党内部起到了重要的文化引领作用。中国传统文化内涵丰富，比如"孝悌忠信礼义廉耻""热爱和平""爱国爱家""团结互助""严于律己，宽以待人""勤劳勇敢""自强不息，厚德载物""尊重规律"等等优秀传统文化成为红色文化的重要来源。

社会存在决定社会意识。中国共产党领导人民群众进行的新民主主义革命实践决定了与之相适应的红色文化。中国共产党带领人民群众参与的新民主主义革命是红色文化的实践来源。新民主主义革命时期大体经历了中国共产党的成立、大革命、土地革命、抗日战争以及解放战争这几个阶段。大革命时期，中国共产党与中国国民党合作，为取得资产阶级革命的最终胜利，发动对北洋军阀的北伐战争（史称大革命时期或第一次国内革命战争时期），在即将取得胜利的时候，国民党右派叛变了革命；土地革命时期，为了反对国民党右派对大革命的叛变，中国共产党组织武装起义，夺取政权，发动了针对大地主和官僚资产阶级政权的革命战争；抗日战争时期，中国共产党与中国国民党进行了第二次合作，开展抗击日本侵略的抗日战争，最终取得抗战的胜利；解放战争时期，为反对国民党反动派的独裁统治，抗击国民党反动派发动的内战，中国共产党进行了推翻国民党反动政权的解放战争。经过以上四个阶段的革命斗争，中国共产党带领中国人民走过了 28 年的奋斗历程，终于取得了新民主主义革命的胜利，于 1949 年建立了新中国。

在这样的过程中，中国共产党的先进知识分子把中华民族的优秀传统文化和高尚情操融入了自己的理想信念，在革命斗争中展现出了中国传统文化中的视死如归、不屈不挠和奋发图强的民族气魄和崇高精神。中国共产党人所展现出的不怕艰难困苦，不怕流血牺牲，坚韧不拔，勇往直前，英勇顽强的革命英雄主义气概和坚定的革命意志是红色文化的重要实践来源；中国共产党人在这一时期所展示出的崇高的革命理想信念，高度自觉的革命纪律，全心全意为人民服务的根本宗旨是红色文化的重要实践来源。

中国共产党人一代又一代的接力，沿着马克思指引的方向，坚定共产主义的最高理想，发扬了自强不息、忠心爱国、克己奉公的伟大民族精神。这些精神为中华文化提供了重要内容，在新民主主义革命时期融进广大劳动人民的思想意识并逐渐形成为一种信仰信念，成为中国人民在民族危亡和改革建设时期的共同行为准则。马克思主义及其中国化理论是红色文化的思想来源和理论基石。马克思主义深刻揭示了人类社会发展和自然界发展的客观规律，他在中国的广泛传播，为中国共产党和广大先进知识分子解决中国问题提供了科学的世界观和方法论，此后，马克思主义中国化理论——毛泽东思想为指导，广大劳动人民积极参与，才最终形成了民族的、科学的、大众的反帝国主义反封建主义反官僚主义的革命文化。

因此，在中国软实力中，红色革命文化是其中极其重要的部分，属于主流文化，因此可以以大众文化的形式进行进一步地传播和发展。

总之，在高等院校阶段的艺术教育中，对文化自信的培养尤为重要，所以具有中国特色的红色文化需要被重视，红色文化能够与校园文化相交融，成为学校日常教育的重要补充。红色文化教育载体承载着丰富的精神教育内容、信息，是红色文化传承和发扬的有效载体。然而长期以来，高等院校的红色文化教育载体运用较少，关于其研究也没有得到足够的重视，教育课程、实践活动等各种形式的载体不能与高等院校学生的实际生活和社会现状相联系，导致红色文化教育的效果大打折扣。

第三节　红色文化教育的实践要求

十八大以来，习近平总书记反复强调要把红色资源利用好、把红色传统发扬好、把红色基因传承好。红色资源作为中华文化中的优质元素，以其自身的优越性记录了中华民族前赴后继的抗争史、波澜壮阔的革命史、艰苦卓绝的奋斗史、感天动地的英雄史，继承发扬了党的光荣革命传统与优良作风，涵盖了对学生的政治素养、理想信念、爱国情感等多方面的教育内容。

红色资源以自身深厚的人文功能彰显了其特殊的教育价值，是落实立德树人根本任务的重要支撑，是对学生进行家国情怀教育的鲜活课本。在当前的高校艺术教育体系中，红色资源没有得到充分运用，其教育价值没有被充分彰显出来。需要认识到，艺术教育也承担着促进学生全面发展的重要任务，在新课程改革的推动下，统筹推进红色文化教育已经达成共识。

2021年迎来建党一百周年，在中国共产党的领导下，中国将在21世纪中叶实现国家现代化与民族复兴的伟业，青年大学生必须肩负起时代的责任与担当。红色文化资源作为一种优质文化资源，为新时代高校艺术实践教学提供了最为优质的资料与素材，近年来在协同育人、"大思政"等相关政策理论指导下，红色文化与艺术院校教育教学的融合迎来重要发展机遇。新时代高校教育改革背景下，基于育人的理论视角，各高校正积极探索如何利用红色文化资源打造多样化的实践教学模式。

本书从介绍红色文化传播的现状出发，分析研判了红色文化教育的可行性与具体路径，具有一定的实践性、探索性、创新性，在今后的教师在教学中将继续与时俱进、创新完善，为相关领域的研究提供更多具有建设性和可操作性的建议。

一、将多方面的价值发挥出来

第一，政治引导价值。作为先进文化重要组成部分的红色文化可以很好地帮助增强大学生对党的政治认同、加深大学生的爱国主义情怀与民族自豪感、提升大学生的马克思主义理论水平。通过实践教学，大学生在各种红色文化活动中了解当地革命与建设历史，感受共产党员的先锋模范作用与党组织的战斗堡垒作用，深刻领会中国共产党是中国先进文化的创造者、引领者、代表者，增强他们对党的政治认同与思想认同。

第二，引领教化价值。红色文化资源助力艺术院校开展以理想信念为核心的实践教学，有助大学生树立正确的三观、培养大学生的思想道德素养、发挥大学生教育的实效性。红色文化普遍具有坚守理想信念、不畏流血牺牲、百折不挠奋斗的特质，通过实践将这些精神品格用合适的方式灌输给大学生，对营造积极向上、风清气正的环境氛围大有裨益。

第三，文化传承价值。将红色文化资源融入艺术院校实践教学具有重要的文化传承功能：推动红色精神在不同代际间的传承、增进大学生对中原红色历史的了解、增强大学生的民族自豪感。艺术院校以实践教学为契机，大力宣传弘扬地方红色文化，大学生怀着崇敬的心情去瞻仰红色旧址、寻访红色遗迹、领悟红色精神，创作红色文化作品，潜移默化中加强对红色文化的了解和民族自豪感，等他们走出校园必定会将这些历史故事和红色精神传播至更广泛的区域。

二、注重差异性与衔接性

红色文化在中华优秀传统文化中一直占据重要地位，是从中国共产党诞生起，历经不同时期的重大历史进程，在百年的革命与建设实践中不断积累、提炼、总结形成的各种文化精神的总和，内涵丰富、包罗万象。对红色资源在高校育人体系中的运用，要提出差异性与衔接性要求，现做如下分析说明。

（一）差异性

红色文化教育作为一个跨学段、全周期的有机整体，横跨了对学生进行教育教学的全过程。由表及里、由浅入深地开设红色文化教育，就要紧密贴合学生的年龄特征、认知规律和生活、思想实际，采用学生能够理解、接受的教学方法循序渐进地融入红色教育。林崇德教授在《发展心理学》一书中对青少年及成年早期个体的思维、身心与认知发展特点作了重要论述。林教授指出："成年早期，高等学校学生个体身心发展趋于稳定成熟，自我意识得到迅速发展。"这一时期，高等学校学生无论是身心发展还是智力发展都到达了人生的顶峰阶段，他们逐步接触更多的社会活动，开始思考自身作为一个完整的社会成员应承担的责任和义务，逐步适应、融入现有的社会生活。

以红色文化教育全过程为着力点，精准把握各学段的定位，循序渐进地开设红色文化教育。大中小学的学生分别处于人生的不同阶段，学生的思维发展、心理活动与理解力存在很大差异。正是由于各学段的学生认知发展存在一定的差异，对学生进行红色文化教育更要遵循学生的认知发展规律，加强各学段之间的衔接。对学生进行红色文化教育，既要符合不同学段的认知发展规律，又要考虑到国家对学生社会化的总体要求。体系化建设是一项统筹建设，需要用系统的思维来看待。大中小学不同学段的学生认知发展和思维水平不同、各学段课程标准与具体教学目标不同，各学段在教育教学方面表现出自身的相对独立性及特殊性。红色文化教育体系化建设涵盖了大中小学不同学段，融合了各学段的特殊性，这说明大中小学红色文化教育建立在各学段差异性的基础上。

这样的背景下，将红色资源充分运用到各学段的教育中就要承认差异、尊重差异。差异性强调的是在不同学段运用红色资源的差别。在坚持一体化大方向的前提下，根据不同学段学生的心理认知和需求，因材施教、"区分对待"，采用多样化、具有层次性的路径进行教育教学。一体化背景下充分运用红色资源首先要考虑教育教学规律与学生的认知发展规律，有的放矢地统筹好各学段学生与不同学段教育教学规律之间的关系。各学段的学生发展不同、能力水平各异，就要尊重差异，合理设置由简单到复杂、由单一到综合、由封闭到开放、由感性到理性的红色资源，制定各学段独特的教学内容，使红色资源的运用与学生的实际相联系，赋予教学内容新的内涵。在大中小学段开设红色文化教育，要旗帜鲜明地体现各学段的特点或定位，根据不同学段学生的思维发展水平，有针对性地运用红色资源进行课程内容的架构。掌握各学段的特性，层次分明创新教学模式，为不同学段的学生创造一个由浅入深的红色资源教学情境，注重低学段学生的情感启蒙、中学段学生的思想聚焦和高学段学生的价值践行。

（二）衔接性

体系化建设背景下红色资源在一些高校中的运用受到多方面的阻碍。一方面，从现实来看，不同学段的教学内容与教学机制存在不同程度的差异。由于时间和空间阻挡，跨学段间交流较少，致使红色文化教育中艺术院校教师对其他学段缺乏了解。在对红色资源进行选择、编排时，可能导致各学段出现红色资源重复运用、教学方法不当等问题，也在一定程度上影响了红色文化教育实效。另一方面，教材是对学生进行教育教学的重要载体，在当前教材短期无法改编的情况下，教师融入其他课程资源进行合理编排十分重要。有些教材内容是合理重复，帮助学生加深认识。有些则重复过多，学生反映已经学过，在很大程度上影响学生的学习效能。各学段教材内容存在简单重复与倒挂现象，内容建构缺乏一定的递进性，无法鲜明展现各学段的特点。以上情况并不利于红色文化教育育人目标的实现和人才的系统培养，针对以上存在的问题，体系化建设背景对红色资源的运用提出了衔接性要求。

衔接性强调的是充分运用红色资源使各学段在教学内容、教学方法上自然过渡和有效对接，循序渐进、螺旋上升地开展红色文化教育，促进各学段有机联系，形成系统，产生合力。为促进红色资源在各学段的有效衔接运用，需充分考虑各学段教学目标的层次性。大中小学各学段学生体现出各自的身心发展与认知规律，相应的红色文化教育教学也应呈现出由低到高的上升趋势，红色资源在教学内容中的运用也应呈现出由浅入深的衔接性。体系化建设背景下，将形式多样的红色资源充分运用到不同学段的教学中，就要从教学内容与教学主要手段的区别中入手进行有效对接。对比分析各学段中可以运用红色资源的教学内容，校对前后学段的教学主线是否一致，审清查明其前后学段知识点的区别和联系，合理运用红色资源使教学内容进行有效衔接。这种纵向衔接既包括大中小学前后学段间双向衔接、双向互动，也包括高等教育与基础教育的多向互动，从而将红色资源贯通整个教育课程，拓展育人空间。学生学情是一个动态的发展变化过程，所采用的教学方法既要紧承前段进行拓展，又要为后面学段打牢基础，避免一刀切。既要根据学生的生活实际和思想实际调整教学方法以取得最优化的效果，使所运用的红色资源既符合学生的可接受程度，又避免教学方法跨度过大带来的不利影响。

　　关于红色资源在大学教育中的运用，大多数学者普遍从创新育人主要手段、融入校园文化建设等多个角度进行了探讨。多数研究形成了较为一致的观点，都指明了课堂教学的重要教育地位以及社会实践课堂的辅助作用，并强调要围绕学生这个中心展开。

第五章　艺术类院校协同地方文博馆共促红色文化教育的研究

本章是关于艺术类院校协同地方文博馆共促红色文化教育的研究，主要从四方面进行了分析，一是新时期艺术类院校红色文化教育发展的现状，二是新时期艺术类院校的学生特点分析，三是红色文化在地方文博馆建设中的融合，四是艺术类院校协同地方文博馆加强红色文化教育的实践。

第一节　新时期艺术类院校红色文化教育发展的现状

一、高等艺术院校在传承红色文化方面存在的不足

（一）红色文化教育方式方法创新不够

高等艺术院校在传承红色文化方面一定程度存在教学方式方法单一、落后、陈旧，理论讲授空洞无物，缺乏理论联系实际，体验式、互动式教学运用不充分，吸引力不强，教学效果不理想。专业课教学中包含着很多红色题材文艺作品的学习、创作、演出，但专业教师自身对红色文化的理解有限，对红色文化内涵的挖掘、阐释不到位，还不能实现红色文化与专业教学的水乳交融。校园文化建设中对新媒体及线上传播手段的使用不够广泛深入，红色文化传承创新方面覆盖广度、实施深度、影响力度都还不够。

（二）教育过程中红色资源运用的问题

红色文化资源在高等艺术院校教育应用中存在问题主要表现在以下几个方面：

1. 实际利用的资源相对较少

（1）红色文化资源极其丰富，由大量革命故事和历史文物构成的地方红色文化资源是高等艺术院校教育创新的基础。可以说全国各地的革命历史资源非常

深厚，代表的革命精神内涵也是异常丰富，另外各地也非常重视相关历史文物的收集，并且汇总了许多理论研究方面的工作。虽然我国的红色资源十分丰富，但是在资源的充分利用上仍然缺乏有效的整合，在利用形式方面比较单一，研究方向和角度比较分散，整体的实效性不够强，因此还需要进一步对本地红色资源进行深入挖掘和考证，从长远看还有很大的提升空间。所以说，就高等院校学生红色文化教育的内容而言，能够实际利用的资源相对较少。在学校，红色文化与艺术教育的内容只是一些普通的历史教科书或图书资源，虽然这些内容都是以更系统的方式描述了一些红色文化，但由于高等院校学生的需要，它们往往只是对红色文化的一种体验。进行科学、全面、深入的分析内容的内涵，导致高等院校学生虽然非常感兴趣和好奇当地的红色文化的生成和发展，但因为缺乏深入内容的书，不能达到有效的学习目标。

（2）各地政府都重视纪念馆的建立，虽然取得了一定的成果，但是整体水平距离人民大众的文化思想需要还有较大程度的差异。各种收藏纪念物的背后均涉及了不同的历史人物与故事，如果能够对其进行深度分析与挖掘，那么藏品的价值势将提升一个新的台阶。

（3）对红色资源的研究成果已经相当丰富，但是现如今时代在不断地前进，社会在不断地更新，我党具有优良的革命传统和先进的思想文化，必须与民族精神和时代精神进行统一。红色文化也要密切地遵循着新时代的发展观和发展主题，根据中央发布的最新指示，深入挖掘并深刻领悟红色资源的理论意义，在后辈不断的发展和传承下使红色精神更加光彩夺目，而不会由于时代的进步被人们所抛弃。这就要求在研究红色文化精神时，必须认真探索研究红色文化和时代精神之间血浓于水的关系，不断挖掘二者的契合点，尽力向红色文化精神赋予新的时代内涵。

（4）作者根据自己与一些高等院校学生的交流中了解到，一些学校对学生开展红色文化教育活动，往往只是组织他们去看一部红色电影、读一本红色书籍、听一场红色报告、参观一次红色景点等，教育内容浮在表面上缺乏深入探讨，为了完成活动而活动，形式重于内容，违背了红色教育的初衷。

2. 载体形式有待丰富

红色文化的引入需要借助各种载体，而根据实际情况来看，载体的应用十分单一且匮乏，去差异化也比较严重，因此，艺术院校学生在学习红色文化的过程中很难获得自己感兴趣的内容，学习红色文化的有效性也难以保证。

3. 载体内容缺乏与时俱进

（1）教学载体的内容不能做到与时俱进，脱离了学生面对的社会和生活实际。如今在社会主义建设的新时期下，红色文化不仅仅体现了革命因素和政治因素，同时也代表了富有浓郁生活气息的文化意识形态，能够将个人的理想和国家命运、民族命运进行多层次、多段位的结合。20 世纪的新民主主义革命孕育了我国特有的红色文化，然而距离现今年代已经相隔百年，当蕴含在红色文化中的红色精神内涵传递给高等院校学生时，很难与他们当下的真实生活相联系。

（2）有些教师会将红色文化资源的相关内容直接放到课堂上，不关心主题是否适应时代，也不关心内涵是否有新的解读。这样一来，不但偏离了红色文化资源与艺术教育相结合的初衷，而且使高等院校学生感到更多压力，十分不利于红色文化的传播和发展。

4. 传播程度不广泛

运用红色文化资源的一个问题是，红色文化资源在高等院校学生中传播程度不高。高等院校学生尤其是艺术院校的学生作为推进红色文化资源有序发展的重点对象，在家庭背景、人生态度、价值取向和价值观念等诸多方面具有非常显著的差异，尤其在每个学生的思维模式和思维习惯上更是大相径庭。因此教育者必须针对这些巨大差异提供更加丰富翔实的红色文化教育内容，采用更加灵活多样的教育运用形式。

但是目前在一些学校，宣传红色文化、爱国主义等内容往往是应景式的，传播的深度和广度都不够，各种载体的应用流于表面，形式主义比较严重。在高等院校学生之间没有充分借助各种载体对本地红色文化资源进行广泛的传播，不能充分发挥红色文化的历史作用。

总而言之，红色文化在发展中已经成了传统文化的一部分，但是就如同传统文化一样，如何利用载体继承和发展，一直是弘扬传统文化和民族精神的难题。在中国的历史上，红色文化资源具有重要的历史意义和价值，不仅通过历史记录了一定时期发生的真实历史事件，也将历史事件中的精神得以保存下来，从而形成了红色文化。如果某一地方有红色文化资源，比如井冈山和西柏坡地区，那么对于师生接触了解红色文化和精神具有其本土资源优势，容易形成良好的氛围，容易产生较强的认同感。

所以，如果要以红色文化为基础，重塑高等院校艺术教育的载体，需要发挥本地红色资源优势，使教师和艺术院校学生们都能够认识到红色文化和红色革命精神对自身素养具有重要的影响，树立起正确的理想信念、价值观和人生观。

研究重塑载体，把地方的红色文化和精神与艺术教育相结合，不仅可以改善高等院校教育的实际情况，而且能够帮助学生更好的传承和弘扬红色文化，还能在一定程度上促进学校教育者对艺术教育载体的重视。

二、高等艺术院校传承红色文化的优势

（一）资源优势

资源优势体现在高等艺术院校厚重的文化底蕴和深厚的历史根基方面。高等艺术院校在其办学发展历程中，培养了大批优秀的艺术人才，创作了大量经久不衰的红色经典艺术作品。这些宣传革命思想、鼓舞人民斗志、唱出时代强音的艺术作品，历久弥新。其本身就是一种红色文化，发挥着以文化人、以文育人的重要作用。在实践中，红色经典艺术作品不仅育化着观众，也在育化着表演者。师生参与创作与表演，进入角色的过程是自然而然的，受到的教育是持久深入的。此外，高等艺术院校在长期发展中积淀的价值观念、文化内涵、艺术品格等凝聚而成的校史文化，为红色文化传承创新提供了丰厚的文化资源。

因此，高等艺术院校在传承红色文化方面具有得天独厚的资源优势。

（二）特色优势

特色优势体现在艺术院校鲜明的专业特征和丰富的实践体系上。文艺作为文化的重要组成部分，具有思想性、艺术性、功能性、欣赏性、社会性、娱乐性等特点，其感染力、传播力强，是社会文化与人民生活中不可或缺的部分。高等艺术院校在开展艺术教育、文艺创作与演出实践中，其丰富鲜活的教育题材、灵活多样的教学形式和联系实际的实践载体，为红色文化传承创新搭建了更为丰富的平台，提供了更为广阔的空间。无论是对红色经典艺术作品的鉴赏学习，还是登上舞台走向大众的社会服务和艺术实践，都能通过寓教于学、寓教于作、寓教于演、寓教于乐的方式，唤起师生内心共鸣，使其对红色文化的认同感更加强烈，文化自信也得以不断增强。

（三）阶段优势

阶段优势体现在艺术类院校学生正处在学习的黄金阶段和人格的再构时期。大学阶段是人生接受教育的黄金阶段，是"拔节孕穗期"，是由学习阶段到研究阶段的过渡，是由积累阶段到实践阶段的转折.是由青涩懵懂到逐渐成熟的飞跃。

在这一阶段，学习体现出自主性、专业性、多样性和探索性的特点。大学生的认知能力与理解能力更为成熟，是进行红色文化教育的重要时期。大学阶段融入红色文化教育，有助于引导大学生深刻理解红色文化的内涵，理解红色政权的来之不易，感知共产党人的艰苦斗争，感悟共产党人的初心和使命，在补齐知识短板的同时，唤起情感共鸣，筑牢信仰之基，增强文化自信。因此在大学校园这片沃土植入红色文化的种子，将会令红色文化的巨树枝繁叶茂、万古长青。

（四）红色文化资源在艺术教育中的作用

将红色文化资源融入到艺术教育课程教学之中，用中国共产党的革命历史、革命传统、红色基因为高等院校学生补一补"钙"，壮一壮"骨"，是强化高等艺术院校学生爱国主义教育、革命传统教育、理想信念教育和激发学生继承革命先辈爱国情怀的重要途径。

1. 引导学生

将红色基因渗透到艺术教育课程教学的各个阶段之中，有助于引领该课程教学始终坚持正确的政治方向，引导高等艺术院校学生深刻理解革命历史，大力弘扬和传承红色文化，将红色文化资源作为鲜活的革命历史教材，从中汲取养分，有效满足高等艺术院校学生成长过程中所期待的提升幸福指数的客观要求，提高他们明辨是非、善恶、美丑的能力，使他们在学习、生活中逐渐树立起正确的人生价值目标。

2. 教化学生

有效的教化学生，即教化功能，也就是帮助学生建构科学的人生价值体系。红色文化资源内容生动、丰富，对充分发挥课程教学中的全员育人、全程育人、全方位育人的教化功能具有引导和激励作用。将红色文化资源融入艺术教育课程教学之中，便可引导、帮助高等艺术院校学生建构科学的人生价值体系。高等艺术院校专业课程也应该重视将重庆红色文化资源融入专业课程教学之中，以充分发挥红色文化资源在专业课程教学中的教化功能。

3. 激励学生

充分的激励学生，即激励功能，也就是帮助学生培育一生的成长成才动力。用红色文化资源中鲜活生动的典型事例教育学生，让他们在日常行为中时刻以革命先烈及其英雄事迹作为自己行为处事的标准，产生思想共鸣，唤醒他们的爱国热忱和社会责任。用红色文化滋养他们，用红色信仰点亮他们人生未来，在红色文化资源的滋养中，向他们传承革命先辈崇高的理想信念精神高地，帮助他们培育一生的成长成才动力。通过红色文化资源的教育和熏陶，可以提升课程育人的说服力和可信度，使学生变得更有"温度""广度"，在知、情、信、义、行之中强化对红色情感的认同。

三、案例：美术教育与红色文化的融合

美术馆在收藏、研究之外还具有美育功能，即培养公民良好的艺术品位、审美能力。但是，单纯的艺术展示并不足以达到教育的目的，一件艺术品的内在意义、价值、内涵，必须依赖于美术博物馆和艺术史学者的科学研究，方能显见于民众。只有出色的研究和深思熟虑的教育规划，才能确保达到提升公民自身艺术素养和城市品格的目标。

民无魂不立，国无魂不强。我国的红色文化底蕴较为丰富，需要我们合理的利用，同时将这种红色文化发扬与传承下去。随着时代的发展与进步，红色文化也得到了不断的发展与传承，众多画家也通过美术绘画的形式不断展现着我们的红色文化。红色文化是中国传统文化中非常重要的一环，要将其保护和发扬好，就要以各种形式进行展现，通过不断地展现与传承，使这种红色文化成为中国人民最深厚的文化基础。红色文化通常能给予人更多的鼓励与支持，因此，红色文化也是中国文化之魂。

红色文化不仅为中国文化奠定了一部分基础，而且在文化建设的过程中，通过各种思想指导，使得中国文化发展得越来越丰富多彩且魅力深厚。因此，大力弘扬爱国主义文化，增强国民的爱国之心，忆古思今，能指引今后的发展方向。我们在改革开放的同时，既要接受外来观念，也要弘扬与传承中国的传统文化。

（一）美术教育结合红色文化资源的创新点

1.获得红色文化价值观

将红色文化融入美术教学过程中，使其审美教育功能得到发展，并以此为基础，使学生的绘画功底更加的深厚，绘画的能力也会越来越强。以红色文化为载体，对学生们进行美术教育，能够更好地发挥文化魅力。红色文化中的各种精神，通过不断的创新与传承，使得中国文化在传承方面更加的博大精深。通过美术教育，能够使学生们能够深度的重视红色文化，并在潜移默化中影响其思维，而红色文化也能够得到传承与发展，这就需要红色文化与当代中国文化不断的结合及创新。

2.展现红色文化的丰富内涵

通过美术学科与红色文化的相互结合，提高学生的审美判断和文化素养。学生以美术的形式呈现红色文化的过程，也是学生创造力提高的过程，而且，在创作过程中，突出红色主题思想宣传，以此来弘扬中国的传统文化，能够使得越来越多的人更加注重爱国主义的教育。通过学生对于红色文化的创作，能加深其感悟，丰富文化内涵。

3.增强视觉性以直观感知红色文化

将红色文化的各种故事载体以美术形式进行展现，可以使人们直观地感受到红色文化的魅力。通过参观不同的文化遗址，积累美术中的绘画素材，将各种形式的素材展现于画纸之上，能对人们形成一个强烈的视觉冲击，增强观者对红色文化的感悟。学生们可以通过搜集多种红色文化资料，对其进行整理与归纳，并加工成自己喜欢且独具创意的绘画作品，使得红色文化能够不断地被传承下去，同时，还能充分展现学生们的整体绘画思维以文化基础。

（二）红色文化资源中有着丰富的美术元素

红色文化资源丰富，在对学生进行美术教育的过程中，注重红色文化内涵的引导，使其能够更好地理解红色文化内涵。整合红色文化资源与美术教育元素，使学生能够将优秀的红色文化与美术绘画融于一体，可极大程度上保护我国的民族文化。将红色文化资源中现有的各种红色建筑、连环画、油画国画等相关图案提炼为美术教育的可用元素，通过多元化的绘画方式，将其进行展现。

（1）提炼与整合红色建筑中的元素。对红色文化建筑的组成元素进行仔细的钻研与琢磨，经过画手的加工，将其呈现为一副副精美的画作。例如，上海中共一大会址的建筑，在建筑美学上体现出方正庄严之感，而且独具民国时期的独特风格，另有四行仓库遗留到现在，但只剩下一面满是弹孔的墙。通过不同的风格将红色建筑的各种图案、色彩提炼为美术绘画元素，可以使绘画更有层次感、空间感和代入感。

（2）参观革命伟人的故居，深度学习红色文化。例如，孙中山故居、蔡元培故居等，都可以使学生感受到一代伟人的生活环境，通过这种直接参观的形式，加深学生印象，让学生对其进行再创造，以此来指导学生的美术绘画创作。例如，上海《新青年》编辑部旧址，在那里产生了一批优秀的青年文化前驱，可以带领学生通过美术写生的方式体会"新青年奋起"的精神。

（3）红色雕塑主要产生于我国的抗战时期，代表雕塑群有《历史之门》《汇聚》《历史涟漪》等，这些都可以通过学生的直观审美感知，使学生对革命先烈心生崇敬之情。

（4）深度揣摩与提炼红色文化，形成特有的红色文化风格。通过美术的形式体现红色历史事件中的浪漫性与革命性。可以在美术课程鉴赏模块中大量开发红色美术作品，以此帮助学生创建红色文化价值观，分析上海红色文化形成时期不同阶段的审美特征，使学生理解上海红色文化独特的意义。

（5）学习红色精神，提炼优秀的思想理论。红色精神可以指导人们不断地进行科学有效的探索，因此，不断地弘扬革命先烈的红色精神，就应该将地方红色文化与美术教育思想的相关资源进行融合，并通过美术教育平台继承与弘扬上海精神。

（6）以油画、版画、连环画等多种形式举办红色文化美术作品展。现如今很多文博馆收藏了大量具有红色文化主题特色的油画作品。例如，油画《八一三淞沪会战》（图5-1-1）、《小刀会起义》《南京路上好八连》等。张明曹于1938年创作的木刻连环画《仇》，以精湛的画技充分展现了抗日战争时期的红色文化精神，使观者能够更好地通过视觉的形式感受它当时的文化魅力，这极大程度地激发了观者的爱国情绪，促使广大群众能够将过往的那段苦厄的历史铭记于心。

图 5-1-1　油画《八一三淞沪会战》

（三）美术教育与红色文化融合的途径

各地方红色文化资源分布广泛，其中蕴含着丰富的美术教育元素和美学审美价值，可以采用社会、学校、家庭三合一的新型教育形式，将红色文化与美术教育相结合。通过多种教育方式的融合，给予红色文化时代感，能够使红色文化资源得到创新性转化。

1. 注重红色美术教育平台的拓展

第一，可以创办红色资源图库及画册。将红色资源以各种形式进行充分的保留与弘扬，教师也可以利用这种更便捷的方式进行红色文化资料的筛选与归纳。第二，可以联络校内外各种组织，加强红色文化的联合学习，建立美术实践基地，形成鉴赏与创作为一体的红色美术实践活动。一方面，可以为学生提供美术研究的平台，提高红色美术教学质量；另一方面，可以发挥社会各界力量，加强对红色文化的宣传力度。第三，为红色美术相关活动争取相应的政策鼓励与财政支持，加强红色文化资源转化为美术教育资源的可持续发展。第四，举办地方红色文化文创艺术节，鼓励学生积极参与。例如，利用地方红色文化资源的特有色彩、图案、素材为红色文化革命遗址设计别具一格的文创产品，传承爱国红色文化基因，提升学生的美术实践技能。

2. 加强构建红色美术学科体系

一是编写红色美术教材。学校可成立红色文化美术课题组，依据美术新课程标准，坚持直观性、启发性、科学性、教育性相结合原则，将红色文化资源融入美术教材编写。

二是研发红色美术教学校本课程。以学校教师为主体，构建红色美术学科体系。将红色文化作为美术校本课程的基本内容，确定特定的美术形式，开展形式多样的实践活动，研发符合红色文化的相应配套课程，使得红色文化与美术教育相互并存，相互融合。

三是鼓励学生组建红色美术社团组织。通过开展各种各样的美术活动，使学生自发的运用不同的材料工具创作红色主题美术作品。例如，油画、水粉画、国画、水彩、纹样、摄影、黏土、连环画、绘本、手抄报设计等，让学生们进行相互交流，以此来产生新的创作灵感。

四是举办校园红色文化美术节。可以邀请诸位革命先辈讲述红色革命故事，使学生能够更加深刻的学习革命先烈的红色精神。

五是举办画展，促进交流。通过画展的形式展示不同形式的创作作品，使学生们可以进行相互的交流，以此来产生新的创作灵感，擦出思想的火花。

3.共建红色文化学习氛围

在共建红色文化学习氛围方面，家庭可以给予支持。通过在家庭中营造红色文化学习的氛围，增加学生的学习主动性，通过不断的学习与创造，可以使学生的思想得到进一步的提升。父母可以通过与学生共同查阅红色文化相关资料，收集红色革命的故事，一方面可以使亲子关系更加和谐，另一方面也可以有一个美好的回忆，学生们在创作美术作品的过程中，也会将自己的真实感悟呈现于画作之中。

美术教育对于学生非常重要，是学生的必修课程之一。艺术院校可以以美术教育为载体，教育学生正视历史，学习历史。美术教育作为一种图文并茂的形式，可以将红色文化更好地展现给学生们，这就需要社会、学校、家庭的共同支持，使红色文化资源得到创新性转型，也能使学生们的学习入脑、入心。

第二节　新时期艺术类院校的学生特点分析

一、学生思想深度有待提升

首先，在当代教育的大环境下，社会和公众基本以学校的专业教学效果作为评价学校成果的主要标准，考试成绩作为评价一名学生是否优等的唯一标准，从而使学校、教师和家长，甚至学生自己都过于看重专业课成绩，忽视了全面发展的初衷，没有真正重视学生思想素养水平的提升，忽视了对优良品质的培养。

其次，红色文化教育的实现需要依托载体，在高等院校教育阶段，通常通过课堂、课外活动、校园文化活动、管理和传媒等载体实现红色文化教育。但是长期以来我国高等院校红色文化教育的模式比较单调统一，创新性不足，载体不够灵活，模式固定化的教学导致教学内容脱离学生生活实际，也没有与社会的发展相匹配，单一依靠教师的传授。这就导致艺术学校的学生对于红色文化教育存在一定的抵触性。

二、学生良好品格和情怀的培养有待提升

高等院校的教育是一个特殊的时期，尤其是对于一些艺术院校的学生来说，他们学习和模仿能力较强，并且也很容易受到外界的引导和干扰，此时学生的可

塑性较强，环境对他们的影响十分重要，所以借助红色文化进行教学，不仅可以有利于引导学生遵循正当的社会规范，也可以让学生有历史感悟，有利于维持学生的身心健康，并且养成优良的品格。将红色文化与高等院校艺术教育相结合，根据当地红色资源组织活动，让学生亲身体验革命前辈的精神，将红色文化融入课程，能够让学生感受革命先辈的爱国情怀，从而激发学生的爱国情怀，并且可以结合先辈们的事迹，引导学生养成勤俭节约和艰苦奋斗的良好品格。

三、受教育者认知的局限

当代大学生出生、成长在和平年代，享受着比较优越的物质生活，没有经历过战争，对艰难困苦的生活缺乏切身感受，对党史、新中国史、改革开放史、社会主义发展史学习不够扎实，对红色文化的形成和发展缺乏整体认知，对红色文化的背景、内涵、价值、精神实质缺乏透彻理解，缺乏深层次的思考感悟。艺术院校的大学生，由于专业学习的特殊性，文化理论基础相对薄弱，理论分析能力相对不足，加之正处于思想成长期，对错误思潮的辨别和抵制能力不够。

四、多元文化思潮的冲击

随着经济社会的迅猛发展，人们的思想更加活跃，各种社会思潮呈现出复杂多元的态势。"宪政民主"、新自由主义、历史虚无主义等西方思潮，以隐蔽化、多样化、立体化的形式，通过手机、网络等渠道，进入大学生的生活，歪曲诋毁中国近现代史，肆意抹黑和污名化英雄人物，冲击着马克思主义意识形态的教育作用，严重影响大学生的思想道德观念和价值判断，干扰着大学生对历史、对中国共产党、对社会主义制度的正确认识及对红色文化的认同。

五、学生对红色文化认知程度不深刻

目前在学校的这代艺术院校学生基本都是在20世纪末我国全面推行改革开放和经济发展之后才进入这个社会的，他们没有机会体会捉襟见肘或吃糠咽菜的贫困生活，也没有经历过硝烟弥漫的战争年代，然而近些年来我国所发生的各种变化却是他们从小就能亲身感受到的，世界的政治、经济、文化等各方面都发生了巨大变化，尤其是各种思想文化不分黑白涌入进来。根据我国教育部门相关网站介绍，高等院校学生们在总体上的思想道德观相对良好，主流趋势的思想观念和是非观念比较明确，而且都积极拥护党的领导。

有教师表示，结合自身多年教学经验，大多数艺术院校学生对科学发展观、社会主义事业和中国的日渐强大有着比较深刻的认同，对进一步发展具有中国特色社会主义、中国综合实力和国际地位的提高充满着比较坚定的信心，即使不能全面深入了解社会主义真正的核心价值体系，但也能始终保持有积极的学习态度。但是当前艺术院校学生的思想道德仍然受到了相当程度的负面影响，学生对红色文化认知程度不深刻。

作者研究发现，部分学生的人生观和价值观确实比较混乱，其民族意识在某种程度上被削弱，社会主义信念发生动摇。甚至有少部分艺术院校学生盲目崇拜和迷信欧美文化和韩日文化，不加任何考虑地认同国外文化理念、价值观，爱国意识薄弱，思想道德素养整体下降，社会责任感不强而功利心较强。

第三节　红色文化在地方文博馆建设中的融合

进入新时代以来，随着全世界经济发展的繁荣、文化交流的密切，"开放""自由"等成为全社会竞相追逐的理念。特别是网络时代的快速发展，使得追求现实利益成为主流，信仰成为空中楼阁。这种自由主义冲击着人们的价值观，探寻"从哪里来，到哪里去"仿佛变得毫无意义。

党的十八大以来，习近平总书记高度重视对历史的研究学习，强调"历史是最好老师"，提出"要把学习贯彻党的创新理论作为思想武装的重中之重，同学习马克思主义基本原理贯通起来，同学习党史、新中国史、改革开放史、社会主义发展史结合起来，同新时代我们进行伟大斗争、建设伟大工程、推进伟大事业、实现伟大梦想的丰富实践联系起来，在学懂弄通做实上下苦功夫"，将红色文化教育提到了新高度。

红色文化在地方文博馆建设中的融合主要体现为革命类纪念馆利用红色资源、对于红色文化的宣扬。在地方博物馆中作为反映重大历史事件、纪念卓越贡献的人而建立的场馆，革命类纪念馆珍存了中国共产党人的奋斗历史，演绎着中国共产党领导下的人民军队夺取全国解放的胜利画卷，在开展红色文化教育的活动中，拥有得天独厚的优势资源。将红色文化学习教育融入革命文物中、融入日常讲解中、融入巡展活动中，为红色文化教育的开展增添色彩，贡献力量，是革命类纪念馆的使命和责任。比如说，天津市平津战役纪念馆在立足本馆资源的情况下，通过深挖馆藏革命文物史料、依托展览打开宣讲新局面，加强红色文化自学等方面，配合红色文化教育，讲好红色文化故事。

一、充分利用馆藏革命文物史料

（一）收藏、研究革命文物

文博馆承担着文物收藏、管理、保护、研究及展出等重要任务。在融合与弘扬红色文化方面应该切实从以上方面出发。比如，平津馆作为国家一级博物馆，长期面向社会征集反映平津战役及解放战争时期的历史照片、文稿、文献、书籍、报刊、宣传品、著作、证章、生活用品、字画、武器、旗帜等。此外，为了满足研究和展览需求，也收藏了一批抗日战争时期、社会主义建设时期的文物史料。这些革命文物见证了党史、新中国史、改革开放史、社会主义发展史的发展历程，承载着催人奋进的革命乐观主义精神，是红色文化的鲜活见证物。

为了更好地发挥革命文物的研究价值、社会价值，响应"让文物活起来"的指示要求，平津馆内定期举办"文物知识讲座"，从文物的时代背景、流传经历入手，以小见大，以点带面。

可见，革命文物就是历史的珍贵讲述者。红色故事的讲述依托着革命文物，才更加能彰显其真实、动人的特性，才能更具感召力；同时，红色故事能让文物不再"冷冰冰"，变得温暖、生动，革命文物与红色文化教育是相辅相成的关系。深挖文物背后的故事，能为观众、学者提供更详尽权威的资料。

（二）向社会公布藏品数据明细

以平津馆为例，其自建馆以来，始终注重革命文物史料的收藏和保管，有着一系列科学、规范的收藏、鉴定、建档流程。近年来，平津馆通过对馆藏文物史料的系统梳理，将1万余件藏品数据信息转化为文本信息，进行系统性梳理、条理化归纳、数字化建档和规范化使用，并将数据明细公布在官方网站上，使观众和研究学者查用更方便快捷。

可以说，向社会公布藏品数据明细也是强化红色文化教育的一种必要途径，是传承红色文化的重中之重。

二、依托展览打开宣讲新局面

（一）基本陈列

开展展览的时候，文博馆可以设计红色专题讲解词。比如，平津战役是我们熟悉的历史事件。如何把历史和理论相结合，从历史的角度观察当下，从历史的学习中汲取经验，与时俱进，将平津战役与"四史"教育结合起来，成为平津馆面临的重要问题。为配合中央提出的"四史"教育指示精神，平津馆听令而动，迅速反应，集中力量编写了《平津战役基本陈列"四史"专题讲解词》，在基本陈列原有的 8 万字讲解词基础上，结合"四史"教育主题进行改编和浓缩，并用极短的时间组织讲解员熟悉新讲词。平津馆讲解员不惧挑战，勇于担当，短短一周时间，就将新讲词融会贯通，全员通过考核。专题讲解一经推出，立刻给观众留下深刻印象，好评如潮。

由此可见，文博馆的讲解员，更是红色文化教育的宣讲员，用数百场专题讲解服务观众，讲好红色文化，让红色精神启发人、感染人。

（二）临时展览

临时展览，让红色资源有序流动。临时展览是文博馆主展览重要的补充和延伸，展馆只有一个，但红色教育资源可以流动。红色教育资源流动起来，核心价值观才能更广泛地传播。比如，平津馆陆续推出近百个临时展览，成为一座丰富的红色资源库。现在，为了在党史教育活动中发挥主阵地作用，平津馆将现有临时展览资源进行筛选、整合，将临展与党史教育有机结合，让红色教育资源更广泛地流动起来。2020 年 9 月，平津馆开展了"四史巡展"活动，首批准备了"长征路上的女红军""天津人民抗战纪实""走进平津战役"三个优秀展览。2020 年11 月，"'走进平津战役'——河西区'四史'学习教育专题展"在河西区党群服务中心拉开帷幕。2021 年 3 月，平津馆推出"不忘初心牢记使命"主题系列展览，其中"党的一大至十九大光辉历程线上图片展"已上线，希望观众能把党史学习教育带在身边。同时，"遵义会议纪实"到天津市第一中级人民法院进行巡展。平津馆还计划在天津 11 个区推出 12 场巡展，加大宣传力度，让观众在家门口、上班路上就能接受优质红色教育，进而学党史、悟思想、办实事、开新局。

由此可见，一些博物馆要充分利用临时展览，让红色资源有序流动，实现红色文化教育的广泛传播。

三、组织策划系列活动

组织策划系列活动，是地方文博馆的一个重要方面。很多地方博物馆为了响应国家的要求，利用系列活动来融合红色文化教育。下面，本书以平津馆为例来谈一谈。

（一）开展主题活动

地方文博馆可以多组织一些主题活动的开展。比如说，为庆祝中国共产党建党 100 周年，充分发挥爱国主义教育示范基地的宣传教育作用，2021 年 3 月，平津馆积极参加了天津市组织举办的"永远跟党走"百个爱国主义教育基地传精神主题活动，为全市以党史为重点的"四史"学习教育贡献馆藏资源，组织党员、团员和少先队员重温入党入团入队誓言，重温革命历史，感悟革命精神。

（二）推出云讲解

实体活动不缺席，云讲解也必不可少。一些文博馆积极开展了云讲解服务，比如平津馆一直"云"在线。2020 年，平津馆推出"走进平津战役讲述红色故事"系列云讲解、微视频、线上红色课程、线上研学等一系列活动，守好红色阵地，宣传党的历史，扩大红色文化宣传范围和辐射力。

云讲解的系列故事中，包括伟人风采、革命文物、战斗英雄、经典战役等板块，通过线上活动，不断拉近与观众的距离，让他们身临其境感受平津馆的红色文化内涵，感悟共产党员的崇高精神和坚定信仰。

（三）红色文化教育进课堂

青少年是祖国的未来、民族的希望，一些地方文博馆作为爱国主义教育示范基地，承担着立德树人、铸魂育人的重要职责。为了引导青少年树立正确价值观，扣好人生第一粒纽扣，地方文博馆要与多所学校进行合作，通过共建、第二课堂等多种形式，将红色资源送进学校，在学生心中埋下革命历史种子。

比如说，2020 年 11 月 9 日，平津馆宣讲队来到万全小学，为同学们带来一堂别开生面的思政课。宣讲员们为同学们带来精彩故事，通过对领袖风采、地下工作者惊心动魄的暗战、担架队员穿越枪林弹雨只为抢救伤员等不同侧面的讲述，让红色精神润物无声地滋润学生们的心田，对党的历史、新中国的历史产生兴趣，在历史学习中联结初心，了解硝烟弥漫年代淬炼出的坚定信仰，真正做到通过学习培根铸魂。2021 年 3 月 1 日，平津馆与西营门外小学合作策划了开学第一场思政课。讲解员刘万成受邀，为西营门外小学师生讲述天津解放的硝烟岁月，分享英烈为人民解放前赴后继的动人故事，共同经历了一场党史、新中国史优质教育。不但可以进小学，文博馆也可以走进大学课堂，唤起大学生的红色精神。

（四）出版读物

在中国共产党带领人民打败侵略者、走向解放的光辉历程中，涌现出了一大批敢为人先、舍身为国的英雄烈士，他们的事迹和精神像不竭源泉，鼓励着一代又一代人克服困难，在建设美丽中国的过程中发光发热。英烈资源，是红色文化教育的宝库。习近平总书记曾指出："实现我们的目标，需要英雄，需要英雄精神。我们要铭记一切为中华民族和中国人民作出贡献的英雄们，崇尚英雄，捍卫英雄，学习英雄，关爱英雄。"

为响应国家号召，平津馆启动了"建立平津战役牺牲烈士档案"的项目，将现有馆藏资料归纳、整理，让每一位平津战役中牺牲的烈士都有清楚的个人信息和丰满的牺牲事迹，为改陈后的基本陈列增添全新研究成果，服务观众。与此同时，平津馆也将平津战役中涌现出的战斗英雄、具有代表性的牺牲烈士事迹撰写成为文稿，出版《平津战役英烈传》一书，该书将很快面世，为红色文化学习教育提供更多红色素材。

四、加强红色文化自学活动

红色文化与地方博物馆的融合还体现在红色文化自学活动方面。在红色文化自学活动，很多地方文博馆创新党课教育模式、丰富红色文化学习形式。下面，本书还是以天津市平津馆为例来具体说一说。

（一）创新党课教育模式

2020年建军节前夕，平津馆宣教部党支部和河北区枫叶正红老年志愿服务队队员一同去往李存珠老人处接受了一节特殊的党课教育。李存珠老人曾参加过抗日战争、解放战争、抗美援朝战争，屡屡立功。活动中，李老除了讲述战斗的艰苦，更表达了对牺牲战友的深切怀念："取得胜利要付出很大牺牲，铭记胜利的同时要不忘牺牲。我们永远怀念烈士，继承烈士精神。"2020年9月，抗日战争胜利75周年之际，宣教部党支部再次来到李存珠老人家中，李老题字"以革命名义回忆过去，继先烈精神开拓强国"，赠予平津馆。

（二）丰富红色文化学习形式

红色文化学习教育要求提出后，平津馆人积极作为，坚持集中学习和个人自学相结合，通过学习读本、打卡"学习强国"、观看先锋网和手机党报等方式开展线上线下学习。为了丰富学习形式，检验阶段学习成果，平津馆宣教党支部还组织了专题小考。考试以闭卷形式进行，涵盖内容丰富。通过小考，调动了大家的学习积极性，查漏补缺，也明确了自己的薄弱环节，为今后的学习明确了方向。欲知大道，必先为史。习近平总书记指出，学习党的历史，是坚持和发展中国特色社会主义、把党和国家各项事业继续推向前进的必修课。历史是厚重的教科书，也是最好的清醒剂。2021 年中国共产党迎来百年华诞，在这个重要的历史时刻全党开展党史学习教育，激励全党不忘初心、牢记使命，有着重要的现实意义。平津馆作为红色阵地，将一如既往地做好红色教育、党史教育；平津人将锐意创新、不断进取，讲好初心故事，担好职责使命，更加积极主动地将"四史"学习教育融入工作中去。

总而言之，革命类纪念馆是作为反映重大历史事件、纪念卓越贡献的人而建立的场馆，革命类纪念馆珍存了中国共产党人奋斗历史，演绎着中国共产党领导下的人民军队夺取全国解放的胜利画卷，在开展红色文化教育的活动中，拥有得天独厚的优势资源。将红色文化教育融入革命文物中、融入日常讲解中、融入巡展活动中，为红色文化教育的开展增添色彩，贡献力量，是革命类纪念馆的使命和责任。比如平津战役纪念馆立足本馆资源的情况下，通过深挖馆藏革命文物史料，依托展览打开宣讲新局面，组织策划系列活动，加强红色文化教育自学等方面，配合红色文化教育，讲好红色故事。

第四节　艺术类院校协同地方文博馆加强红色文化教育的实践

一、艺术院校协同地方文博馆加强红色文化教育的必要性

地方博物馆作为一个独特的文化传承创新载体，有着得天独厚的资源优势。而艺术类高校的一项宗旨就是为艺术创作服务，其自身也是展示文化非常重要的平台。

（一）校园文化驱动

很多艺术类大学有着悠久的办学历史和红色革命历史，围绕着校庆、历史文化名人、红色资源宝库等校史校情内容可以策划不同主题的原创展。同时还有大学的学科资源，主要是一些特色学科，能够被用作特色展览的策划主题。另外，我们常说大学要有"大师和大楼"，"大师"，即以师生为线索形成展览开展的主线和灵魂；关于"大楼"，很多大学有一批特色建筑，是中国 20 世纪大学校园建筑的典范。师生和建筑都是学校的特色资源优势。为此，艺术类学校可以利用这些优势来吸引地方文博馆，比如吸引他们来开展红色文化主体展览活动。

（二）内在的动力

党的十九大提出了我国社会主要矛盾发生了巨大改变，即由以前的"人民群众对物质文化生活的需求与落后的生产力之间的矛盾"变成"人民对美好生活的向往与发展不平衡不充分之间的矛盾"。这充分说明，当今人们对文化艺术生活，对文博事业的需求在日益增长。结合高校的具体情况，广大师生对文化艺术生活的高需求、高渴望，对博物馆展览内在和外在同等的高要求，正是艺术院校协同文博馆不断发展前进的强劲动力，可以说我国艺术院校协同地方博物馆发展的"电力"十足。

二、艺术院校协同地方文博馆加强红色文化教育的途径

（一）举办红色文化作品征集活动

艺术院校协同地方文博馆应该如何传承创新优秀的红色文化？作为博物馆本身来说，举办红色文化作品征集是最好的途径。比如艺术院校协同地方美术馆针对美术专业的学生举办红色文化作品征集活动，将红色文化融入美术教育中。

第一，艺术院校协同地方美术馆针对美术专业的学生举办红色文化作品征集活动，有利于提高学生美术学科素养以展现红色文化的丰富内涵。这样通过美术学科与红色文化的相互结合，提高学生的审美判断和文化素养。学生以美术的形式呈现红色文化的过程，也是学生创造力提高的过程，而且，在创作过程中，突出红色主题思想宣传，以此来弘扬中国的传统文化，能够使得越来越多的人更加注重爱国主义的教育。通过学生对于红色文化的创作，能加深其感悟，丰富文化内涵。

第二，艺术院校协同地方美术馆针对美术专业的学生举办红色文化作品征集

活动，有利于发挥审美教育功能以获得红色文化价值观，有利于将红色文化融入美术教学过程中，使其审美教育功能得到发展，并以此为基础，使学生的绘画功底更加的深厚，绘画的能力也会越来越强。以红色文化为载体，对学生们进行美术教育，能够更好地发挥文化魅力。红色文化中的各种精神，通过不断的创新与传承，使得中国文化在传承方面更加的博大精深。通过美术教育，能够使学生们能够深度重视红色文化，在潜移默化中影响其思维，而红色文化也能够得到传承与发展。

第三，艺术院校协同地方美术馆针对美术专业的学生举办红色文化作品征集活动，有利于利用美术教育的视觉性以直观感知红色文化。将红色文化的各种故事载体以美术形式进行展现，可以使人们直观地感受到红色文化的魅力。通过参观不同的文化遗址，积累美术中的绘画素材，将各种形式的素材展现于画纸之上，能对人们形成一个强烈的视觉冲击，增强观者对红色文化的感悟。学生们可以通过搜集多种红色文化资料，对其进行整理与归纳，并加工成自己喜欢且独具创意的绘画作品，使得红色文化能够不断地被传承下去，同时，还能充分展现学生们的整体绘画思维以文化基础。

此外，还可利用红色音乐作品。以红色革命为主题的音乐代表作非常多，例如《十送红军》（图5-4-1）《太行山上》和《长征组歌》以及《黄河大合唱》等。每首红色音乐作品不仅代表着那个时代的特点，也体现了那个时代所独有的文化艺术价值。那些在当时独有的战争时期的环境下创作的红色音乐流传至今。艺术类院校的学生可以将红色音乐作品带到校园，自觉加入红色音乐文化的传承和发展之中。

图 5-4-1 《十送红军》

（二）组织策划展览实践

理论结合实践才更能展现效果，本书这部分着重探讨展览策展的具体实践。

1. 备展工作

备展，最重要的是确定展览主题，并组建工作小组，然后进行广泛调研，并制定陈展方案，进行文物和展品的收集和征集，进而开始撰写脚本。策展人还要亲自参与到形式设计中去，实施布展，培训讲解员，开展各种各样的宣教活动，对展览进行总结和进一步的推广。

确定主题方面，相关文博馆对红色文化的主题把握要兼顾多个方面的内容，最重要的就是弘扬爱国主义精神，然后是通过展览，凝练出红色精神，这一切都是对学生进行教育的重要践行。

在筹备办展的过程中，策展团队会召开多次座谈调研会，与艺术大学的师生加强沟通，共同凝练总结出红色文化精神，更好地展现艺术类大学与中国红色文化教育事业的"同频共振"。

展览的文本创作就结合征集到的学生作品、革命文物、科普教育和艺术摄影而展开，坚持国家文物局《关于加强博物馆陈列展览工作的意见》所指出的：陈列展览是博物馆向社会奉献的最重要的精神文化产品，是博物馆开展社会教育和公共服务、实现社会职能的主要载体和手段，要强化陈列展览策划的观众导向原则，把科学性、知识性和通俗性有机地结合起来，增强陈列展览的表现力、吸引力、感染力。

展览还可由学校宣传部主办，文博馆协办，成立展览工作组，研究展览各项工作。同时，展览工作组还进行实地调研、借展等工作。制定陈展方案、收集展品和文物、撰写展览脚本、参与形式设计。

2. 展览举办与闭幕

一个好的展览，有隆重的开幕，也要有完美的落幕。为了让红色文化展达到更好的宣传教育效果，还可筹划了"总结与推广"。比如，艺术院校可以协同地方博物馆，接待一些外来的观众。

艺术院校协同地方博物馆传承创新红色文化的意义，就是地方博物馆是高校育人功能的重要载体和平台，也是文化建设的直接窗口，有着重要的示范作用，更是大学文化辐射的重要阵地。我们应该充分挖掘艺术院校协同地方博物馆传承创新红色文化的意义，坚持立德树人的根本目标，立足校史校庆，围绕大学学科优势，抓牢师生人物主线，办好活动，策划更多精彩好看的展览，讲好大学故事，弘扬红色精神，为艺术类学生的发展添砖加瓦。

3. 注重反馈

文博馆通过与艺术类高校的合作，将社会影响与展出效果反馈给高校，进而继续推动高校在红色文化精神方面培养方向的确定与改革，最终形成从高校到文博馆再回馈于高校的双循环发展路径。

（三）培养相关的学生志愿讲解员

培养艺术院校的学生充当文博馆志愿讲解员也是十分重要的一个途径，对于学生深化对于传统文化的了解有着十分积极的促进作用。

1. 讲解服务概述

（1）文博馆讲解中的情感因素

第一，情感作为一种主观体验，是人对客观事物是否满足自己的需要而产生的态度体验。文博馆讲解中的情感因素是指讲解者在自身对展品的认知上，加上自身对展品的情感加以解说，使之更具感染力。带有情感因素的讲解具有带动作用，更有利于互相沟通。

第二，在文博馆的讲解中融入情感因素具有极其重要的作用，富有情感因素的讲解可以使观众很快地融入到展览的氛围中。陈列的展品都是不会说话的，但如果作为桥梁和纽带的讲解人员在讲解中饱含情感的话，参观者一定会注意到，从而产生共鸣。情感的感染力是不容小觑的。

第三，情感的培养。作为文博馆的讲解人员，必须对自身所在的文博馆和所要介绍的展品了解透彻，只有用心去感受每件展品的内涵，才可能将这种情感传递给参观者。讲解人员应该通过自身对于展览的情感去感染观众，让参观者感受到文化的熏陶。

讲解是人与人之间的交流，所以文博馆应该树立以人为本、观众至上的服务理念，无论面对什么类型的参观者，都要秉持以人为本的思想理念，让观众感受到优质服务，从而产生下次再来的想法。讲解人员要善于在讲解之后总结自己工作中的不足，从而不断地提高自身的表达能力与感染力。在真正理解展品后，讲解人员带着自己的情感因素向观众传递信息，才算是一次真正成功的讲解。

（2）专业素质要求

第一，敬业精神。爱岗敬业是文博馆讲解工作的前提，是每个讲解人员应有的行为准则。只有热爱文博馆事业，热爱讲解事业，热爱每一件文物展品，才能真真正正做好讲解这个工作。文博馆讲解人员为参观者讲解的这个过程是间接性的一种创造活动，也可以说是一门艺术。一个个被摆放在展柜中的文物，因为讲解人员富有激情的解说而充满了生命力，架起了藏品与参观者之间的桥梁，从而使文博馆陈列充分发挥其社会作用。

第二，扎实的专业知识。文博馆的特性决定了其文化的多样性和丰富性，这也向文博馆的讲解人员提出了更高的要求。文博馆的藏品一般都具有非常浓厚的历史底蕴，这就需要讲解人员具备丰厚的专业知识并了解有关的背景信息。讲解人员在讲解的过程中经常会面临各式各样的提问，只有具备扎实的专业知识才能从容不迫地回答每一个问题，只有详细了解了藏品知识，才可以自如地选择讲解内容，从而获得良好的讲解效果。

第三，因人施讲。除了以上两种专业素质外，讲解人员在讲解的过程中还要与观众进行交流，在讲解中要做到因人施讲。在参观文博馆的观众群体中有不同身份、不同背景、各式各样的观众，有学生、老师、儿童、老年人、上班族等不同的群体，那就需要对每一个群体进行分类，针对不同群体及不同的参观人数，分别进行不同的讲解，因为千篇一律的讲解并不适合每一个人。例如，老年人阅历丰富，但行动较慢，体力较弱，在讲解时就应该采取倾听交谈的方式；中年人的阅历各不相同，在讲解时就应该拓宽知识面；青年人的求知欲强，就要多讲一些冷门的小知识来满足他们的好奇心；儿童童心较强，比较好动，没有很多耐心，在讲解时就应该采用简单易懂的语言并采取游玩相结合的方式进行讲解；人少、比较零散的时候适合按照展品的陈列顺序进行讲解，在过程中又可依照参观者的兴趣灵活调整；接待大规模旅行团的时候比较适合集中介绍的方式；研究学者和学生团体则比较适合互动式的讲解方式。总而言之，有针对性的讲解可以使讲解效果达到最佳，从而更好地发挥其社会教育作用。

2. 招募和培养学生志愿者担任讲解员

招募和培养学生志愿者担任讲解员，是目前文博物馆实现其教育和服务功能的主要手段，也是艺术类院校协同文博馆加强红色文化教育的一种重要实践手段。但思维活跃的大学生和不以追求物质报酬为目的的志愿者这两个身份的叠加，注定大学生志愿者这个群体有其鲜明的特性，因此，对学生志愿者团队的管理面临各种困难和挑战。很多文博馆自开馆以来，通过几年的实践，逐渐摸索出了适合自身发展的志愿者团队管理模式，从志愿者招募、培训到日常管理，建立起了一套比较完整的规章制度和管理办法。在制度保障的基础上也特别注意在管理中加入人性化因素，尊重每位志愿者的独特个性和独特价值，在管理者和志愿者之间建立起相互尊重、相互信任的友好关系，以此推动志愿者团队的良性发展。

（1）志愿者团队的人性化管理

"志愿者"（Volunteer）一词，联合国将其定义为"自愿进行社会公共利益服务而不获取任何利益、金钱、名利的活动者"，具体指在不为任何物质报酬的情况下，能够主动承担社会责任，奉献个人时间和行动的人。可见，志愿者参加志愿服务，其动机是物质报酬以外的其他诉求。而这也导致了志愿者一词的称呼，可能会让新人产生一种比较随意的想法。特别是对那些第一次做志愿者的大学生而言，对志愿工作的专业性和长期性没有足够的认识。他们可能会抱着尝试的心态来应聘，而且认为既然是免费贡献自己的时间，那么他们的服务质量可高可低、服务时间可长可短。对于博物馆讲解这种需要长期坚持的重复性工作，志愿者在一段时间以后热情也会逐渐消退，从而导致服务质量下降，人员流失等问题。

在这些方面，如果只依靠制度的约束是远远不够的。为确保志愿者队伍管理的长期有效运转，需要在制度建设中加入人性化管理的因素。所谓人性化管理，就是通过各种方式，体现博物馆对每个人的尊重，确保每个志愿者的价值都被看到，以此激励志愿者的工作热情，使其在工作中感到愉悦，愿意长期为博物馆和观众提供服务。志愿者管理的人性化体现在从招募到培训以及日常运转的各个环节。

（2）志愿者招募

在每年春季学期开学时，艺术类院校可以协同地方文博馆不限专业、面向全校一二年级学生公开招募志愿者。选择这个时间而不是九月份招新，主要是考虑到大学新生入学有一个适应时间，对大学的学习生活以及学生社团或志愿组织的运作有了基本的了解以后，选择相对比较理性。

在初试环节，相关人员应该把报名者的动机和内驱力作为一个重要考量指标。从行为动机的角度，报名者大致可以分为几类：第一类是热爱文博馆，有过讲解经历，表达欲强并且享受人际传播过程的学生；第二类是有比较强烈的利他倾向，愿意通过各种志愿服务实现其自我价值的学生；第三类是缺少相关经验，性格偏内向，欲通过有挑战性的讲解活动突破自我局限、锻炼表达能力的学生；第四类是抱着好奇心或尝试心态的学生。一般说来，在前两类学生中，比较容易招募到稳定的合格的志愿者。对第三类学生，如果其愿望强烈，可以适当放宽准入条件，为他们提供实践机会，他们往往在以后的讲解活动中得到较大的突破和成长，这也是我们乐于见到的。可见，招募环节的人性化体现在，不仅仅把外形条件好、语言表达能力强等硬指标作为唯一或主要条件，而是充分考虑学生的各种需求，把文博馆作为一个锻炼和提升能力、获得工作经验、与更多的学生分享、实现自我价值的平台。从这个意义上说，志愿者既是博物馆教育和服务功能的实现者，也是其直接受益者。

（2）志愿者培训

如前所述，通过初试和复试进入培训的学生，其基本条件和动机并不完全一致，所以在培训过程中，就要求我们既要"统一思想"，又要"因材施教"，给予讲解员发挥个性的空间。

传媒文博馆的做法是，在志愿者培训的开始，就让学生明确知道他们的目标以及文博馆对他们的期许。同时努力让每一位志愿者认识到自身工作的重要性，意识到他们并非可有可无的人：文博馆是一张文化的名片，志愿者则是学校的形象代言人。如果一名志愿者能够感受到自己是文博馆不可或缺的一部分，他们对自身的工作就会更加重视和认真。

对新的志愿者而言，掌握讲解词和讲解技巧需要花费大量时间。在策划培训的时候，需要精心设计，确保课程涵盖讲解员正式上岗之前所需要的信息和技能。同时也要注意合理安排培训强度和培训时间，培训强度过高或者培训时间过长，都有可能使某些志愿者在开始阶段就放弃。我们的培训一般安排在招聘结束后的每周三下午（学校公休时间），持续 5~6 周。中间穿插外出考察参观，使志愿者有机会进入以前没机会进入的场馆，比如新华社社史陈列馆、通讯兵陈列馆、国家广电总局无线局 491 发射台等，很多志愿者在培训过程中第一次进入了国家博物馆，这些活动为他们打开了一个全新的领域。

在讲解词的准备过程中，也注意要调动志愿者的主动性和创造性，并且允许和鼓励个性化讲解。很多文博馆有面积比较大的基本陈列，以重要历史节点串联展示了相关作品的发展历程，需要掌握的知识量巨大，可讲的内容十分广泛。但可以不提供完整的逐字稿讲解词，只提供类似展陈大纲的说明性文字，让讲解员在理解博物馆基本展陈内容的前提下，根据自己的专业知识和兴趣，搜集整理有关资料，自行补充编写讲解词。

这样的方法既避免了完全背稿所带来的讲解的平面化和机械化，也保证了在不偏离基本历史脉络和重大史实的前提下，充分发挥学生的主观能动性，使其在写作过程中，进一步深化对展陈内容的理解，让讲解更深入和生动。正如一位来自香港的学生志愿者所言："传媒博物馆一直以来强调多元化的讲解风格，让解说员们的性格特点尽情发挥，如此开放、鼓励自主的氛围深得解说员们的心……是否能够打动来宾，大部分是看大家综合临场发挥的水准，是否懂得代入不同来宾的思维空间，利用人格魅力、场面把控和语言奥妙等能力，把看似枯燥的文字化成自己独一无二的台词。"

（3）志愿者日常管理

志愿者的人性化管理更多地体现在日常的工作中。

在招募公告里可以这样明确：累计服务时长达到 50 小时的志愿者，可获得"博物馆讲解实训"教学实践公共课 2 学分，以及博物馆出具的志愿服务证明。另外，文博馆可为志愿者建立档案，并且在官方网站上设置"志愿者风采"栏目。每一位为文博馆服务过的志愿者，都将在官网上留下自己的介绍和工作记录。还可为家庭困难的志愿者提供勤工助学岗位。这些都是基本的激励措施，属于"制度建设"层面。除此之外，艺术类院校和地方博物馆都要通过各种方式，用心地去维护、构建志愿者的价值感，体现对他们的尊重。

通过关注志愿者的"朋友圈"可以发现，做志愿者的学生，很大一部分有利他性的人格，除了到博物馆义务工作，他们也积极参与其他的志愿活动，如乡村支教项目、环保组织、红十字会项目等等。作为管理者，关注他们的活动，并亲身参与这些活动，是对他们很好的支持。通过这种方式，表达了对他们人生观和价值观的一种认同，也因此建立起深厚的友谊。所以不难理解，有的志愿者从大一服务到大四毕业，有的因为考研实习等原因中途离开，到大四又主动回来，有的考上本校研究生以后还继续留在文博馆。这种黏性是制度所不能带来的。一位香港同学毕业时留言："感谢文博馆给予学生在对历史认知、个人思考、表达和内省等能力全方位的提升；感激老师们的循循善诱；感恩解说员大家庭彼此建立的友谊和日常关爱；也为有幸透过博物馆与各位结缘而感动。"

在管理过程中，回顾也是一个很重要的环节。《招募与管理志愿者——博物馆志愿者管理手册》一书设计的评估表包括以下问题：

你的志愿者职责是否有人向你说明？

志愿者培训是否足以让你了解你的工作职责？

你认为你在多大程度上履行了志愿者职责？

你是否觉得员工平易近人？

你是否得到了工作人员的支持？

你是否会推荐你的朋友来做我们的志愿者？

总的说来，你对你的志愿者工作经历是否满意？

为使志愿者服务经历更愉快，你认为我们还有哪些可以改进的地方？

在志愿者工作过程中，你感到最享受和最愉悦的是什么？

定期"复盘"，评估团队建设的方方面面，能让我们不断调整思路和方法，提高管理水平。

　　艺术院校协同地方文博馆加强志愿者团队的管理是一个长期的过程，没有一成不变的经验和一劳永逸的方法，团队的健康成长需要持续的培训、有效的时间安排以及良好的交流沟通作为支撑，也需要不断回顾和适时调整，制度建设与人性化管理二者相辅相成，不可偏废。希望艺术院校和地方博物馆之间建立起沟通的桥梁，互通有无，相互学习，共同成长。

（四）艺术院校协同文博馆利用红色资源开展活动实践

1. 利用红色家书

　　作为一种红色文化资源，红色家书自身是无法再生的，其具有的价值无可质疑。同时，它也是新时代思想教育工作的优秀教材，能够培育青年的社会主义核心价值观。红色家书是革命先烈遗留下来的珍贵的精神和物质财富，是开展思想教育工作重要的教育资源。利用红色家书开展活动，将革命年代的血与泪表现得淋漓尽致，展现出"流动的、生动的教育"。

　　红色家书的内容主要来源于有两个，一是旧时代的进步分子，二是不同时期的中国共产党党员。很多关于红色家书的著作都只能阅读，没有学者对其相关内容进行研究。1980 年出版的收录 178 封家书的《老一代革命家家书选》（图 5-4-2）就是一个典型的例子，当时这本书的编辑方是中共中央文献室，很多老革命的家书都被收录到这本书里，包括周恩来、毛泽东、叶剑英等革命先辈的家书也在其中。

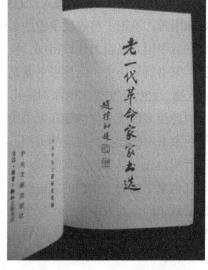

图 5-4-2 《老一代革命家家书选》

研究红色家书的利用，首先需要全面了解红色家书的内涵与特征，对红色家书的相关理论有所认知，这样艺术院校可以协同地方文博馆更好地开展红色家书巡演活动，让学生参与进来。

中国的革命战争拥有这悠久的历史和无数跌宕起伏的故事，无数的先烈不舍地离开家乡和亲人，将自己的一切都奉献给了伟大的革命事业。他们在残酷的斗争过程中，也会偶尔想起远方的亲人。他们将自己的思念、感悟和理想凝结成一封封的家书，寄给自己的亲人、爱人和友人。书写人不同导致家书的风格差别巨大，有的温柔、有的豪放，这些都是他们当时当地的所思所感。家书是记忆和理想的承载者，传达的是深切的思念和祝福。红色家书是老一辈革命家和先烈留下的极为珍贵的精神财富，是爱国教育和传统教育的好教材。

红色家书的存在说明革命者也拥有丰富的情感，他们思念家乡的亲人，惦念无法相见爱侣。哪怕是身处两地、命悬一线，他们仍旧挂念着自己的父母和妻儿。这些家书是一部为人处事、待人接物的人生宝典。它告诉人们应当怎样做人，怎样做事，怎样处理各种复杂的社会关系。

红色家书既称为家书，代表着其具有"家书"的基本特征，同时"红色"使其具有了独特的意涵，具体表现为以下两个特征。

一是历史继承性。红色家书属于特定历史时期的所遗留下来的历史文化产物，涵盖了中国革命、建设和改革开放等各个重大历史阶段，具有鲜明的时代特征和厚重的历史感。家书把读者带回到了硝烟弥漫的北伐战场和九一八事变后危机重重的中国，它让读者看到了无数知识青年在抗战烽火燃起后争相到达延安的场景，理解了抗战过程中的艰难和困苦，见识了解放战争中的鲁中大会战（莱芜战役），了解了中华人民共和国成立后中国人民奋力建设祖国，抗美援朝的艰难胜利以及改革开放之后的种种成就。家书就是历史，阅读家书就是将自己置身于历史的长河中，靠近了解历史中的人物，经历历史带来的深刻洗礼。

二是道德教育性。中国的很多传统文化都能在家书中找到具体的体现，如教化、修身、利益、齐家等在家书中都能找到对应的范例，这些也正是中国道德的精髓所在。红色家书让读者明白先烈是如何无私奉献、诚信友爱，又是如何追寻真理、争取公平正义的。红色家书体现了中国的先进文化，虽然家书的语言大多朴实无华，但事实上其分量从未因此而减少半分。红色家书是宝贵的历史文化遗产，同时也是有着重要教化作用的精神文化遗产，是对艺术院校的学生进行教育的重要教育资源。

为此，艺术类高校可以协同相关的地方文博馆开展诵读家书的活动，实现红色文化教育。具体来说，很多地方文博馆中都珍藏红色家书，对此，其可以和艺术院校联系，在高校中开展相关的展览活动，让学生在活动中诵读家书，同时，还可以让学生作为讲解员讲讲背后的故事。这样实现多方联动，切实实现红色文化教育。

2. 开展红色活动

约翰尼·艾伦认为大型活动是为实现特定目的为举办的，目的本身可以是社会、文化方面的，也可以是社团方面的。活动本身需要经过精心策划，活动形式可以是庆典、演讲、表演或仪式，不过活动形式本身是被制定的。大型活动有很多种类，国庆节庆典、文化演出、重要的体育赛事、社团活动、重大市民活动等都属于大型活动。大型活动多数情况下是一次性的，或者发生的频率不高。某个节日庆典是大型活动，并不意味着所有节日庆典都是大型活动。

最近 5 年，大型活动的策划实施成为一个较为热门的研究领域，研究的主题与时代和社会热点结合的较为紧密，与我国群众的文化需求也更加契合。李智在2013 年曾经对在电视媒体平台进行的大型文化活动策划进行了研究，并对其存在的缺陷进行的深入的解读，他认为创新是大型活动发展的核心，社会风气需要向"俭而不简"的方向转化。十八大之后，我国的大型文化活动拥有更加个性化的主题，质量也有了显著提高，这都是因为社会主流风气对其起到了引导作用，同时，大型文化活动消耗的成本有所下降。2013 年的海南保亭嬉水节就在缩减 200万元成本情况下，保障了活动的质量。长青藤百年医院论坛搞学术交流则取代了2015 年武汉市中心医院的建院 135 周年庆典晚会，这样做除了节省成本之外，也提升了活动本身的质量和格调。2016 年乔淑晨将"徐州文化世纪传承工程"作为具体研究对象，对大型文化活动主题策划的创新进行了深入的研究。研究结果证明大型文化活动应该承担起引领主流价值观、传承中华文化的责任。张婷在 2018年曾经研究过大型文化互动策划的现状，整个研究过程较为简单，但事实上重点比较突出。她认为我国的群众文化活动存在以下几点问题，分别是种类创新不足、时间短、地域分散等。所以我国的大型文化活动在策划的时候需要注重其创新性，主体要个性化且与时代相契合。

高等艺术学校活动形式多种多样，较为小型的有各社团的演出、学生汇报演出以及毕业晚会等。此类活动受众都比较小且多为学生进行组织和安排，范围可能仅限一个社团、一个班级、一个学院，在经费上开支较小。校内稍微大型一些的活动有节庆活动或特殊日期的活动，如校庆演出、建党七十周年演出、校内比赛等，这些活动属于学院或学校进行举办的活动，因此受众面较社团演出或学生汇报演出来说要稍大一些，但在宣传方面一般仅限校内，参与演出和观看的人员多为校内。再大型一些的活动有高雅艺术进校园活动，该活动主要是由各省政府负责统筹安排，因此不管是宣传还是受众来说，较之前两种都要大很多，高雅艺术进校园项目的表演者和专家们不论是在艺术造诣上抑或是理论学习上都有着相当丰富的经验，学生们不只限于在校内参与，甚至会走进剧院和美术馆等公共艺术场馆观看演出和展览。

此外，活动管理机制基本流程主要包括以下四点：一是策划与立项；二是组织与编创；三是执行与现场；四是后期与效果评估。具体来说，就是根据该项目的总体目标进行项目的可行性分析并制定策划书，提前计划该项目将如何实施，规划好活动的基本流程；成立相应团队，并根据活动的具体安排进行人员的分配。演出活动必然有节目，因此需要根据演出活动的主题进行相应节目的编排；确定演出地点并安排演出前后的相关事宜，同时还应注意演出现场的安全事宜，提前做好安全防范；演出结束后对节目的录制进行剪辑以及后续的收尾工作，并对此次演出的整体效果作出评估。

比如江西高校开展的"诵读红色家书，讲述英烈故事"活动（图5-4-3），取得明显成效，重要的是创新了红色教育主要手段。活动精选红色故事，创新讲述主要手段。作为江西高校的党委宣传部部长，王金海曾经对江西开展的思想教育活动做出评价，他认为江西教育厅采用的宣传教育模式新颖且契合年轻人的学习习惯，微博、微信等互联网平台都是年轻人获取信息的重要渠道，通过这些渠道来播放100个经典革命故事、红色家书等内容更容易让年轻人理解并接受，更有利于帮助他们建立正确的人生观、世界观和价值观，为他们提供丰富的精神营养，有利于青年学生坚定走好新时代长征路的理想信念。南昌大学学生郭静说，微博、微信等新媒体主要手段便于互动、易于传播，同学们在参与互动中受到教育，特别是这些英烈故事不少就发生在江西这片红土地上，甚至有的英烈家属还健在，让同学们更是感觉亲切。

图 5-4-3　"诵读红色家书，讲述英烈故事"活动

　　江西开展的"诵读红色家书，讲述英烈故事"活动之所以取得如此大的成功，和学校师生的努力都是分不开的。活动让学生站到前台，变被动灌输为主动参与。江西师范大学副校长刘俊说，这次活动能吸引全校超过 40% 的师生直接参与，一个重要原因就是让学生当主人，从节目创意、编排、演出，都让学生站到前台，发挥学生的主观能动性、创造性。"我们创新了活动主要手段，让学生做主。"江西省教育厅社政处处长邓文君也认为，活动取得成功的关键是"放手让学生去策划、组织节目，高等院校教师在背后引导，让学生在参与中学习和感悟"。对江西师范大学学生杨琳来说，从课桌旁的听众变成舞台的主角，效果和感受完全不一样。

　　"诵读红色家书讲述英烈故事"活动的开展既丰富了红色音乐作品的数量和类型，又提升了红色音乐作品的质量。巡演活动的节目通过比赛的主要手段进行遴选，大大地调动了师生们的创作热情。同时这么多作品的呈现和巡演项目的开展既红色音乐作品演出市场提供了素材也为其扩大了受众，在为音乐市场增添了无限的可能的同时，还为城市文化中艺术文化的建设增添更多色彩。

　　"诵读红色家书讲述英烈故事"活动，其可听、可看、可参与的特点调动了广大青年学生的热情，他们满腔热情投入到创作、表演中，用年轻人最喜欢的主要手段和创意，让英烈形象变得有血有肉，可触可信。"红色文化＋巡演活动"的综合演艺形式的开展对以后巡演项目的开展提供了模板和借鉴，为巡演项目拓展了新的思路，同时也为其他地区深入开展红色年文化教育工作主要手段提供了新的途径。

　　不管如何红色文化资源是一种社会化的教育资源，在与教育体系的融合中需要集高校、政府和社会力量的多元参与,"加强实践育人平台建设,综合运用校内外资源,建设满足实践教学需要的实验实习实训平台"。艺术类的高校应重视和加强对红色文化的整合,将其纳入教育整体规划和制度建设中;各级政府应该发挥其在政策、资金、协调等方面的主导作用,如免费开放当地红色基地、给予参观考察的优惠便利,建立一批红色教育基地、红色教育社会实践基地、"三下乡"实践基地、认知实习基地、专业实习基地,让大学生可深入各种基地进行社会实践;同时艺术类学校可以和地方文博馆建立长期稳定的合作关系,邀请老红军、老战士、红色英模、专家学者,系统讲授红色故事、红色文化、红色精神,利用重大历史事件纪念日、建党建军纪念日等开展主题鲜明、丰富多彩、感染力强的红色文化活动,使学生在参与的过程中切身感受红色文化的熏陶,实现地方红色文化资源与成果的共享。

(五)注重艺术创造力的发挥

我们需要明白,对于艺术类高校而言,传承红色文化的重中之重还在于激发学生的创造力,创造力是学生进行红色文化传承的不竭动力。目前地方文博馆正处于一个快速发展期,也越来越得到社会的关注。地方文博馆立足高校,除了可以方便学生和教师群体之外,在策展布展上与社会博物馆也应有所区别,这些区别体现在地方文博馆的展览应根据高校学科特点进行组织,同时还应培养学生自己策划和组织实施展览,通过展览提升学生对红色文化与艺术的理解和欣赏能力,从理论和实践层面对红色文化保护和利用进行更好的探索。比如,北京大学赛克勒考古与艺术博物馆举行过"蔡元培与北大"展览,这个展览是为了纪念蔡元培先生出任北大校长100周年,先生一向十分重视博物馆在美育教育方面的重要作用。

1. 文博馆展览应更贴近艺术院校

从某种程度上来说,地方博物馆的功能和教书育人的宗旨是一致的,都具有教育功能,也可以成为学生受教育的资源。但是,艺术博物馆的展览应该更多地根据各个学科的特点进行组织,要为学生、为专业学习而服务。文博馆协同艺术院校的策展思路跟一般博物馆不太一样的地方在于,一般情况下博物馆考虑到观众的认知和接受程度,如果呈现所有信息,可能一般的观众不太理解,所以一些博物馆的展览一般会偏向珍宝展、精华展。这种展览是一个很重要的类型,但是不能所有的展览都是这种类型,地方文博馆协同艺术院校还是应该多向文化型展览靠近。

另外，地方文博馆还可以根据教师的教学需要去设计展览，如筹划的"抗日战争时期"的展览。抗日战争时期是一个动乱的时期，这个时期的历史较为复杂，涉及的战役比较多，所以要思考，地方博物馆应该从哪一个角度切入，做出的展览和艺术院校、和学生培养怎么建立关系。可以设想这个展览将来所有的解说词，所有的展品组织都来自于学生的文章、艺术作品等，这样参与展览的学生首先得认真，考虑哪些东西易于表现，又不能是零散的表现，还要有完整的表现思想。这样一来，艺术类的学生在文献、文物、展览组织能力等方面都能够通过这个活动得到提升，这样既对相关文献进行了深入的学习，又能使学生知道哪些学术观点是可以反映在物质文化资料上的。

2. 适当结合自身成果去组织

需要注意到的是，地方文博馆可根据自己的科研成果去组织展览，结合展览举办研讨会和学术讲座，比如举办"红色文化考古成果展"，展示了多个单位合作，进行了多年的红色文化研究成果。还有一类与艺术相关的展览几乎没有开展，就是在文化遗产领域，一篇好的论文或者专著本身就可以成为一个好展览的基础，这类展览如能开展，将会提高文博馆展览的学术含量，同时，也会加速科研成果的社会推广。

不过这里面也有一个问题，北大老校长蔡元培先生一直提倡"美育"教育，要用美育代宗教，但是由于我们的教育中艺术修养的缺失，导致国内很多博物馆，在运用一些材料组织展品时体系比较强，但美感不强、可观性不强。这是以后做专业展览需要注意的地方。

3. 让学生去策划和实施展览

地方文博馆的展览很多可以视作直接服务于学生培养工作的，本书所说的学生培养特指学生自己策划和组织实施展览。让学生自主策划展览活动，目的在于激发学生的创造力和组织能力。从策展开始，便给学生充分的自由，不干预，让他们从自我角度去寻找关于红色文化的一些记忆或者精神体现，展出值得纪念的物品。这样的展览可以让艺术类的学生觉得很亲切，因为展览里有自己的回忆和影子。每一次做展览的时候，可以要求新入学的学生去看。

这样的展览也容易出现一些问题，比如形式设计比较单调。随着举办次数的增多，加上学生的点评和老师的评审，未来它肯定会提高的。同时，艺术院校的相关教育与负责人员也结合不同专业，让不同专业的学生合作策划了一些展览活动，协同地方文博馆进行展览，以此帮助学生提升创造力。

4. 注重广大学生对艺术的理解、欣赏

艺术院校不同于普通院校的一个重要方面，是艺术院校肩负着提升广大学生对艺术的理解和欣赏能力的责任。当前，中国越来越重视传统文化的传承与发展，这反映了处于时代变革中的国人寻求建立文化自信的诉求。但怎样才能"让文化活起来"，让传统文化的传承形成良性循环，还面临很多瓶颈。比如对于看起来是中性的博物馆，中性的文物，实际上对它的选择也是会反映我们的某种价值体系的。

基于这个构想，艺术院校协同地方文博馆可以发起"源流运动"，致力于"把从红色文化中所得的艺术知识体验带入日常生活、把美好与现代社会有机结合"。

通俗地讲就是寻找红色文化和当下的联系，把红色文化带到日常的生活里面来，和当下进行一个有机的结合，从而达到自理论和实践层面对红色文化进行更好的保护和利用。"源流运动"取自"考镜源流，以故为新"，"源"是面向过去的尺度，"流"是我们看未来的尺度。我们守着文博馆这个积累过去的宝库，应该多多思考它怎么与当下发生作用。比如，可以推出"云想衣裳花想容——红色文化与当代服装设计""翩若惊鸿——红色文化与当代首饰设计""念念红色文创手作工坊"等活动，都可以收到了不错的反馈。比如尤其是"云想衣裳花想容——红色文化与当代服装设计"展览，伴随着学生的红色文化服装秀，效果非常好，可以让学生发现与红色文化结合也可以很时尚。

同时还可推出"源流运动"的微信公众号，微信平台分为不同的栏目，有学生策划的系列，也有老师策划的系列，还有红色文化与当代的系列。"源流运动"中的所有项目均由学生参与或主导，旨在通过多元化的培养方式使学生加深对学科的认识，在不同的专业领域得到历练。

人类历史 200 余万年，从一柄石斧到现代城市，我们以设计改变命运，同时不忘追求美的情感。5000 年来，中国人以这样的渴望创造了灿若星河的文化，然而如今，它们却沉默于文博馆与荒野，成为往昔消退的标本。艺术院校协同地方文博馆进行红色文化的目的就在于促使学生得到思想与专业的全面发展，让红色文化启迪艺术类学生，让艺术类学生传承与弘扬红色文化，赋予红色文化新的活力。

（六）相关的经验总结

事实上，一是让地方文博馆走进高校，地方文博馆可以以具有地方文化特点且与艺术院校学科建设紧密相联的展品为背景，设立临时展厅，举办一些有特色的、专门性的临时展览，以扩大影响。在展览中，可以征集学生的作品，或者让学生充当志愿者、讲解员等，或者让学生尝试设计相关的展览活动。此外，文博馆管理者可以根据定位多途径做好历史文化、地域文化、藏品自身文化的传播工作，如抓住新生入学教育，毕业生离校前爱校荣校教育，校友返校纪念日活动，师生党团活动以及国内外校际交流活动等机会，做好相关红色文化教育。比如，苏州大学先后和苏州文博馆、吴江文博馆、苏州碑刻文博馆等合作，举办临时展览，不求所有，但求所用。

二是挂牌共建，可以由地方文博馆来艺术院校挂牌，也可以由艺术院校到地方文博馆挂牌等等。这些合作共建，增进了交流，实现了真正意义上的文化共享。同时，文博馆也很好地发挥了社会服务功能。这对于开展红色文化教育有着至关重要的作用，也是不容忽视的一个重要途径。

三是引进馆外展览，这也是文博馆的发展经验，丰富展览内容和形式。以某文博馆为例，自开馆以来，已举办各类临时展览近五十多个，平均每年达8个左右，从馆内到馆外，从地方文博馆到海外华侨，从私人文博馆到个人收藏家，内容涵盖有陶瓷、玉器、石器、书法、绘画、铜器、摄影、碑刻拓片、古代服饰、大学生科技作品等等。展览灵活多样，丰富多彩，深受员工和观众喜爱。这也很好地发挥了文博馆传播文化的功能。为此，艺术院校在协同文博馆进行红色文化教育的时候，也可以借鉴馆外展览的方式，不但可以让文博馆到自己的学校中举办相应的红色宣传活动，还可以组织学生参加文博馆举办的一些其他相关的红色教育活动，以此拓宽学校红色文化教育的途径。

四是作为文化阵地、现代教育体系和文博馆事业的重要组成部分的地方文博馆，还可以结合自身特点，在艺术院校中开展一些文化活动来达到传播文化的目的。比如：开展学术讲座活动，请专家、学者讲演等；结合展览，开展红色文化书画研讨；结合展览，开展观众互动、体验活动；开展"守护红色文化传承红色精神——育人工程系列活动""口述·记忆文博馆深度讲解'我与红色文化'志愿者征集活动""观展览，答题卡，熟校史，爱祖国"活动等等，传播文博馆文化，发挥育人功能。

可以说，在教育功能的扩展上，地方文博馆是大有作为，优势明显。种类齐全、年代有序的文物和标本，本身就是活的教材，与传统课堂相比，具有直观、生动、形象等特点。各专业教师可以把课堂搬到文博馆展室，物尽其用，更好地传授知识，培养学生广博的兴趣，拓宽知识面，提高教学水平。在陈列展览方面，多学科的人才、良好顺畅的合作机制，为文博馆提升展览水平提供了极大便利。

无论是基本陈列还是专题展览、临时展览，文博馆均可以吸收考古学、历史学、美术学、艺术设计学、语言学、广告学、旅游学、传媒学等专业师生参与，集思广益，分工负责。这既有利于文博馆工作的开展，也为师生们提供了一个展示才华、学以致用的实践平台，从而使文博馆真正成为文化体系中不可或缺的重要组成部分。同时，围绕展览主题，可以设计多种方式的互动活动，增加师生的参与感。联系校内专家学者，举办一系列的专题讲座，提升文博馆在校园文化建设中的地位与作用。在对外宣传方面，可以利用校内多学科、多领域专家学者的学术影响力和社会影响力，发动他们利用一切机会，多方面、多角度宣传文博馆馆藏文物和标本的历史、科学、艺术价值，吸引校内外更多的人参与到文博馆事业中来，成为繁荣校园文化的强大动力。

总之，艺术院校协同地方文博馆开展红色文化教育的途径探索永无止境。艺术院校和文博馆管理者应紧扣时代脉搏，发挥自身的优势，借鉴文化传播方面的好做法，扬长避短，探索贴近学校实际、贴近师生需求，凸显学校自身文化特色的文化传播途径，真正使文博馆办得"活"起来，发挥文化育人的功能，服务师生、服务社会。

（七）结语

总而言之，艺术类院校尤其是其中的教师应积极拓展路径，将红色文化资源科学有机地融入课程教学或者实践活动之中，提升育人实效。

首先要认真做好内容对接。一是要对红色文化资源进行全面深入细致挖掘，把握革命历史发展的基本脉络；二是要对挖掘的红色文化资源进行认真梳理和筛选，并深入挖掘这些资源的精神内涵，以增强其在教学中的育人感染力、感召力；三是要建立红色文化资源教学资源库，为红色文化融入教育课程教学和实践活动做好资源储备，做好融入环节内容上的对接，使融入的内容逐步系统化、融入的方式方法逐渐立体化；四是要制订红色文化资源融入艺术教育课程的教学计划，细化融入的环节、教学的环节。

其次，扎实开展教学改革。开展红色文化资源融入方面的教学改革。第一，要将历史与现实进行有机融合。虽然说革命战争年代距离我们越来越远，但是革命战争年代诞生的红色文化资源至今仍在焕发勃勃生机。艺术院校的教师在进行专业课教学时，要随时随地把握好历史与现实的结合点，不失时机地将红色文化资源作为红色基因中的某种精神表征融入到教学之中，向学生传承革命先辈艰苦奋斗的优良品质和自强不息、勇往直前的崇高理想信念，引导学生将这种优良品质和理想信念与实现中华民族伟大复兴的现实需要紧密结合，不负韶华，不辱使命，做合格的社会主义建设者和接班人。第二，要做好线上线下的融入。授课教师要积极利用互联网、云计算的优势，切实发挥地方文博馆的重要作用，搭建优质、齐全的红色文化资源铸魂育人大讲堂，采取线上线下结合的教学模式。要采用学生喜闻乐见的教学方式将专业知识讲授与红色文化教育开展有机结合，发挥出红色文化资源育人之实效。

再次，形成多维融合模式。形成多维融合模式是指形成课内、校园、校外"三位一体"多维融入育人模式。一是在课内教学中，要根据课程的特点，在一些相关的教学环节中有机融入红色文化资源。例如，开展以"红岩精神""井冈山精神"等为主题的美术创作、剪纸设计或陶艺制作等等，让学生设计和制作出更多更好的作品。二是在校园育人环节中，以红色文化资源为专题，组织学生结合自身实际开展自主式、案例式、讨论式、情境式、互动式的学习探究活动，并由授课教师制作以"我看革命英烈""红色历史遗迹寻踪"等为主题的育人课程，以生动鲜活的图片、视频以及详实的文字材料激发学生对红色文化资源和艺术教育课程的学习兴趣。三是在校外实践育人中，组织学生参观烈士故居、烈士陵园、革命旧址、革命纪念馆、陈列馆等红色文化教育基地，让红色文化教育课程教学走出课堂走向校外，将该实践教学与学生的职业精神充分融合，拓宽红色文化教育的主渠道。

最后，有效进行评价改革。应高度重视主体素养评价，不能仅把学生提高学业成绩、掌握专业知识作为评价的唯一指标，因为这种做法"遮蔽了立德树人这一根本教学任务，背离了课堂教学的育人本质"。通过深化教学评价改革，促使学生形成创作有内涵、有灵魂、有美感的思想素养，同时，潜移默化地受到红色文化的影响。

将红色文化资源融入艺术院校教育，开展教学改革意义重大，启示也颇多。

第一，革命精神是课程教学中最好的营养剂。开展红色文化资源融入教学改革，其核心任务是将中国共产党人的革命精神融入课程教学之中。这种革命精神是红色文化资源中蕴含的中国共产党带领全国人民推翻三座大山，让中国人民实现从站起来、富起来到强起来的伟大历史飞跃中承载的红色基因，是实施红色育人最好的营养剂。红色文化资源融入教学，既可不断丰富育人的案例内容、教学资料，也能在一定程度上丰富立德树人教育形式，提升教学的吸引力和育人的感召力，使艺术教育变得有滋有味、有血有肉且形象生动，富有感染力、说服力。

第二，家国情怀是教学的内在灵魂。将红色文化资源融入艺术院校的教学中，就是把中国共产党人的家国情怀作为教学的内在灵魂植入到教学的各环节之中。红色文化资源融入教学,为培育学生的家国情怀扩展了实践空间。比如利用节假日组织学生参观红色文化教育基地,搭建起课堂教学与社会实践的联系通道,可以使学生在社会实践体验中构建理论与实践连接的脉络。在教学之中,能使中国共产党人的家国情怀无时无刻、润物无声地渗透进学生的身体与心田,滋润和增进着他们对中国共产党人家国情怀的情感认同,进而最大程度地发挥出红色文化资源引导人、教育人、鼓舞人的育人实效。

第三,初心使命是教师应有的职业站位。艺术院校的授课教师应将初心使命作为自己应有的职业站位,将自身肩负的教书育人的初心使命与实现中华民族伟大复兴的中国梦紧密结合起来,以此指引学生通过对红色文化的学习,增强守住初心、担牢使命的神圣责任感和使命感。红色文化资源本身就承载着中国共产党人坚定执着、百折不挠的初心使命,作为艺术院校的授课教师就应该竭尽全力深入挖掘红色文化资源中蕴含的中国共产党人初心与使命方面的案例素材并应用于课程教学中,保持精神定力。

此外,文博馆,是一种极其重要并具有巨大发展潜力的地方。从历史上看,地方博物馆在整个博物馆历史进程中占据着独特的地位。可以说世界上最古老的博物馆基本都与大学有着极其密切的联系。

伴随着我国博物馆事业的快速发展,地方文博馆的建设也进入快车道。过去几十年来,文博馆发展的外部环境和内部功能都在经历着前所未有的重大变革。这些文博馆自身基于实验基地、辅助现场教学等传统特征,在整个文博馆领域愈益开放化、公众化的趋势中,既迎来了更多新的发展机遇和功能拓展的可能,也面临新的挑战和问题。似乎所有关注的最终指向,几乎都是关于地方文博馆如何与高校建立更加紧密的联系,地方文博馆如何在满足专业化发展的同时更好地实现育人的效果,以及高校如何进一步协同地方文博馆加快全面融入红色文化教育的进程。

文博馆的机遇和挑战,有来自理念认知方面的,有发展战略定位方面的,也有运行管理方面的,需要从理论和实践层面上展开研究探索。我们欣喜地看到,近年来,为促进文博馆的发展,提升文博馆办馆质量和社会服务水平,一些论坛得以积极展开。在加强业界、学界学术交流,加强文博的理论和业务探讨,强化馆间的联系与沟通时,文博物馆也更加注重育人特色与服务特色功能,在推动我国高等教育发展方面发挥了建设性作用。

十九大以来,我国文博事业迎来了前所未有的历史性发展新机遇。2017年年初，中共中央办公厅、国务院办公厅颁布《关于实施中华优秀传统文化传承发展工程的意见》，中央以文件形式阐述中华优秀传统文化传承发展工作这是第一次，是建设社会主义文化强国的重大战略部署和重要任务，对于延续中华文脉、全面提升人民群众文化素养、维护国家文化安全、增强国家文化软实力、推进国家治理体系和治理能力现代化，具有重要的现实意义和深远的历史意义。在新时代，文博馆要适应"互联网＋"的新要求，着力扩大其功能与格局，不断增进对外开放与交流合作，主动面向社会公众，提高服务意识和水平。要坚持博物馆公益性、均等性及便利性等特点，最大限度地向社会公众开放，特别是面向高校开放，培养学生们的爱国情怀和对中华传统文化认知。

要协调地方博物馆与艺术院校之间可持续的交流机制，将其纳入社会协作体系，增强信息共享意识，把馆藏优势转化为育人展示优势，探索两者在红色文化教育方面的共同作用，从而更好地促进艺术院校学生更好发展。

参 考 文 献

[1] 陈倩 . 现代文博馆展陈空间设计的方法探究 [D]. 武汉：武汉理工大学，2013.

[2] 庄海龙 . 新时期高校红色文化育人研究 [D]. 扬州：扬州大学，2018.

[3] 薛媚 . 高校红色经典艺术教育的对策研究 [D]. 延安：延安大学，2018.

[4] 黎品 . 大数据时代下的文博展示方式升级研究 [D]. 重庆：四川美术学院，2018.

[5] 赵昕宇 . 博物馆集群策略研究 [D]. 济南：山东大学，2020.

[6] 任青春 . 地方小型文博馆（所）文物征集工作浅谈 [J]. 大庆社会科学，1994，（09）：40.

[7] 王星 . 博物馆建筑的电影化表达初探 [D]. 成都：西南交通大学，2016.

[8] 陈信伟 . 文博安防应如何选择探测器 [J]. 中国公共安全（市场版），2007（10）：92-95.

[9] 高颖 . 红色文化在高校艺术教育中的融入研究 [J]. 艺术科技，2018，31（12）：265.

[10] 尚会芳 . 红色经典融入高校艺术教育的途径和方法研究 [J]. 美与时代（上），2019（02）：104-106.

[11] 张宇璇，易春平 . 大学文化视域下红色文化资源与艺术教育协同创新的路径研究：以广西艺术学院为例 [J]. 教育现代化，2019，6（25）：125-126+151.

[12] 彭音来，由曦 . 红色经典艺术在高校艺术教育的创新与实践 [J]. 戏剧之家，2019（31）：132-133.

[13] 徐时，李治 . 红色文化与高校艺术教育教学的融合 [J]. 佳木斯职业学院学报，2019（12）：193-194.

[14] 王崇景 . 红色文化艺术教育对当代大学生思想道德的影响 [J]. 艺术百家，2016，32（S1）：319-320.

[15] 王晶晶. 红色文化转化为高校教育教学资源的途径与方法研究：以遵义师范学院为调研对象 [J]. 遵义师范学院学报，2013，15（02）：110-112.

[16] 魏蕾. 以红色经典艺术教育为载体的人文素质培养模式研究 [J]. 老字号品牌营销，2020（04）：119-120.

[17] 龚倩，郭贝贝. 红色音乐和舞蹈融入高校教育的价值与路径 [J]. 艺海，2020（04）：105-107.

[18] 黄金发. 红色文化与艺术教育融合问题思考：以江西省为例 [J]. 科技信息，2008（30）：165+173.

[19] 张安澜. 艺术院校实践育人平台的构建与实施：以武汉音乐学院中国器乐系为例 [J]. 科教导刊，2021（12）：16-18.

[20] 刘忠心. 扎实做好艺术院校青年教师思想政治工作 [J]. 北京教育（德育），2013（10）：15-16+74.

[21] 宋爱珍. 基于文化自信下红色文化资源的有效整合与保护利用：以广东革命历史博物馆为例 [J]. 中国民族博览，2020（14）：197-199.

[22] 张玉. 台儿庄红色文化创意产品设计研究 [D]. 青岛：青岛大学，2020.

[23] 任彩. 红色文化在金寨县革命博物馆中的视觉呈现设计 [D]. 太原：中北大学，2020.

[24] 陈琳. 红色文化的文创产品研究：以江西瑞金"中央革命根据地历史博物馆"的文创产品设计为例 [J]. 中国地名，2020（01）：51-52.

[25] 宋述亮. "红色"文化文创产品设计探究 [D]. 重庆：重庆师范大学，2019.

[26] 黄佳慧. "社区博物馆"理念下井冈山红色文化传承与发展研究 [D]. 南昌：华东交通大学，2018.

[27] 王春山. 革命类博物馆红色文化消费探析 [J]. 重庆与世界（学术版），2016，33（12）：71-74.

[28] 肖灵. 当代大学生红色文化教育研究 [D]. 南京：南京师范大学，2014.

[29] 刘红梅. 红色旅游与红色文化传承研究 [D]. 湘潭：湘潭大学，2012.

[30] 胡良友. 从"红色首府"到"红色纪念地" [D]. 北京：中央民族大学，2012.